Shuwasystem Business Guide Book

WMS

Warehouse
Management
System

導入と運用のための99の極意 [第3版]

物流改善、物流効率化「超」実践マニュアル

實藤 政子　秋川 健次郎 著

秀和システム

はじめに

　WMS（Warehouse Management System）とは、物流センターでの業務をマネジメントするためのシステムです。本著の第1版が出版された2008年当初は、倉庫内での作業は出荷伝票などの「紙」を使った人海戦術による運用が主流でした。そのため、作業者には商品知識や出荷先の特性などを熟知した専門性の高さが要求されていました。

　その後16年を経過し、今では倉庫オペレーションを行うに際してWMSを活用しない倉庫は皆無となりました。作業端末によるロケーション№をベースとした入出庫指示、バーコードやQRコード、RFIDなどのAutoID活用で「誰でもできる」「迷わない」「間違わない」作業となっています。

　端末から収集する実績データから、在庫状況や作業進捗、作業生産性の管理など作業計画から分析までを広く管理し、改善を行うためのツールとして活用されるに至っています。まさに、WMSは物流情報を見える化し、改善を行うために必須のツールとなりました。

　近年、物流業界は2024年問題に代表されるような人材不足の課題を抱えています。この困難な課題解決のために物流DXが推進され、ロボット・自動化設備の活用による効率化が要求される新たなフェーズを迎えています。

　本著では、物流DXを推進するための基礎となるWMSの構築から運用までの流れ、業務改善の進め方などの基本をおさえると共に、分析の手法を詳細に解説しました。

　また、通販物流などの小口化、少量多頻度出荷の増加で倉庫業務の煩雑化とリードタイムの短縮化は進み、物流を取り巻く環境の変化はこれからも続いていくでしょう。このような変化に柔軟に対応し、改善をタイムリーに計画、実行、検証し、現場力を強化するためのヒントを盛り込みました。

　本書が物流に関わる皆さまの日々の業務のお役に立つことができれば幸いです。

令和6年4月　　　實藤政子

図解入門ビジネス
WMS 導入と運用のための99の極意[第3版]

CONTENTS

第**3**章 業務改善編

第4章 システム連携編

第5章 WMSの機能活用編

第6章 導入効果の検証と見直し編

第 1 章

基礎知識編

　WMS は、倉庫業務の効率化と物流品質向上のためのマネジメントシステムであり、作業状況、商品状況などを可視化する"見える化ツール"です。倉庫業務を効率化し、品質を高めるには、マネジメントの推進が不可欠です。そのためには、まず、物流および倉庫業務全体の基本的な役割をあらためて見直したうえで、物流センターの機能や、センター内で行われる個々の業務を理解しなければなりません。

　そこで、第 1 部では WMS 導入にあたっての基礎知識として、WMS の機能と物流センターに特有のロケーション、エリア管理についての基礎知識を解説していきます。

Point 1
マネジメントツールとしての
WMS

WMSは物流センターという作業現場をマネジメントするためのツールです。作業計画、進捗、生産性管理などの現場管理システムとして活用します。物流センターでの業務マネジメントとはどのようなことなのかという点について解説します。

▶ WMSとは何か?

WMSとはWarehouse Management Systemの略で、直訳すると**倉庫管理システム**ということになります。物流センターにおける「物」と「作業」の管理を効率よく行うためのシステムです。物と作業のマネジメントが上手くできないと、作業が遅滞し、出荷時間に間に合わなくなったり、誤出荷が多くなったりなど、物流のサービスの質が低下します。また、ムダな作業のためにコストが上がるという結果を招いてしまいます。

▶ 作業現場をマネジメントする

物流センターでは、商品の入荷から保管、出荷までの様々な作業を、労働集約的に行います。このような幅広い労働作業を、効率よく、ムダなく、遅滞なく、しかもコストと物流サービスのバランスを取りながら進めて行かなければなりません。そのためには、すべての業務を標準化、単純化することで**誰にでもできる作業**にした上で、**ボトルネック**を取り除き作業の流れを計画化し、遅滞に関する進捗状況を管理することが必要です。WMSは、このように作業を潤滑に行うための「作業を管理するツール」として活用されます。

▶ 作業マネジメントの中身

以下、作業マネジメントに関する主な内容をあげてみました。マネジメントのポイントは、**QCDS***と呼ばれる精度の向上、コスト削減、納期短縮および安全性の担保の4点に集約されます。

***QCDS** Q（Quality・精度）、C（Cost・コスト）、D（Deliver・納期）、S（Safety・安全性）の略。Point93参照。

①作業計画

　入荷予定をもとに入荷作業および入庫作業計画を立て、出荷予定をもとに出庫作業および出荷作業計画を立てます。作業予定のボリュームによって、人員計画、作業時間、段取りなどの計画を行って効率化を図り、リードタイムの短縮化を図ります。

②作業進捗管理

　エリア別、作業種別、出荷先別などの作業進捗を見ながら、作業のボトルネックをいち早く発見します。そして、作業を遅滞させないよう、人員配置の変更や、人数の調整などの方策を取り、物流センター全体の作業を効率よく運営します。たとえば、入庫作業が完了しないために出荷作業が遅延している場合は、早急に入庫作業を完了するための作業員を移動するなどの方策を取ります。

③作業生産性

　ハンディターミナル等の自動認識端末を使用することで作業の精度を向上し、同時に個人別、作業別、エリア別、出荷先別、仕入先別の作業生産性データを継続的に残し、物量に応じた作業計画や、作業生産性に応じた人員配置計画、作業効率化のための指標として活用します。また、作業生産性が落ちてきた場合、その原因を改善対象・課題と認識し検討するためのきっかけともなります。

▶ 商品のマネジメント

　商品に応じた保管方法や温度帯管理、あるいは賞味期限管理などの品質管理、ロット番号情報を付加した商品管理などを行います。

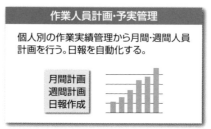

マネージメントツール

作業進捗・生産性管理
作業進捗・生産性をリアルタイムで把握。作業の遅延を管理し人員の再配置などの対策を行う。
入荷進捗
補充進捗
出荷進捗

作業人員計画・予実管理
個人別の作業実績管理から月間・週間人員計画を行う。日報を自動化する。
月間計画
週間計画
日報作成

Point2

商物分離の原則

物流改善や効率化を推進するには"商物分離"が原則とされています。では、なぜ商流と物流を分離する必要があるのでしょうか？ WMSが商流との切り分けにどのように機能するのかという点から解説します。

▶ 商流と物流の違い

商流はお金の流れであるのに対し、**物流**はその名のとおり「物の流れ」を意味します。商流を管理するシステムは販売管理などの基幹システムで、物流を管理するシステムがWMS（倉庫管理システム）を中心とする物流情報システムです。

▶ 商物分離の必要性

商物分離の目的としては、以下の2点があげられます。

①コストとサービスレベルの適正化

商流と物流が一体となったサービスにおけるコスト発生の責任部署を明確にし、コストとサービスレベルの適正化を図ります。また、ムダな物流コストを削減することで、経営を健全化することを目的とします。ここでのサービスとは、受注から納品までのリードタイムと納品条件および品質を指します。

たとえば、営業部門で商品管理と配送作業までを行っている場合、この配送作業を物流サービスとして販売活動から切り離し、販売金額（商品単価）に含まれる物流費を切り出します。その上で、コスト妥当性を検討し物流サービスの条件見直し等を行うことで、物流費の適正化を行います。このような**QCDS**の適正化を行い、その後、出荷先や顧客との適正物流費に関する合意である**SLA**（サービスレベルアグリーメント）を行うことが経営の健全化の一つになります。

②物流業務のアウトソーシング化

物流業務のアウトソーシング化は、物流にかかわる業務を専門の物流企業である3PL *に委託（アウトソーシング）することで本業に専念することや、物流専門

＊**3PL** third-party logistics の略。企業のロジスティクスの全体もしくは一部を、第三の企業に委託することで実現する物流業務形態の一つ。

企業のコントロール下に配置することで物流費を適正化することを目的とします。このアウトソーシング化のために、商流で管理しているお金や顧客に関する情報を外し、物の管理に関する情報だけを取り扱う物流に特化した物流情報システムを構築することが必要になります。

▶ 倉庫作業効率化のための商物分離

　商流と物流のシステムが分離されず、販売管理システムで物流センターを運営する場合、多くの物流センターではピッキングリストと伝票をセットにしてピッキング作業を行っています。商物一致で作業が完結するフローとなり、商品と伝票の付け間違いの無い作業となる一方、伝票という紙に依存した作業となってしまい、物流作業の効率化を図る上で限界があります。

　これに対し、物流に特化した情報システムでは、商流の伝票単位の作業ではなく、作業効率化のためのピッキング単位や方法で作業指示を出すことでピッキング作業を効率化します。たとえば、複数伝票分の作業を一つの作業にまとめて出す**マルチオーダピッキング**などで作業の効率化を図ります。また、無線端末システムなどを活用し、ピッキングリストや伝票、送り状の印刷を待たずに即座にピッキングを開始することで、受注から出荷までのリードタイムを短縮します。

商物分離で責任を明確化

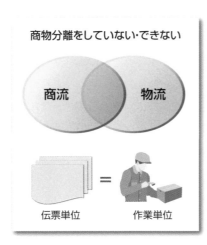

商物分離をしていない・できない

商流　物流

伝票単位　＝　作業単位

商物分離をしている

商流　物流

伝票単位　作業単位

Point3

「見える化」のすすめ

WMSは見える化の観点から基幹システムと大きく違う役割や機能を担っています。では、WMSによる見える化とはどのようなことなのでしょうか。作業効率、コストなどをはじめ、情報の共有化もまた見える化の重要項目として考えられます。

▶ 情報開示

お金を管理する商流のためのシステムが基幹システムです。基幹システムが管理する商流に関わる情報は企業秘密として社外に対し開示することはできません。これに対し、お金に関わらない"物"や"作業"を管理するシステムがWMSです。したがって、WMSの情報の開示や共有化がパートナー企業との間でより容易に行えることになります。

▶ 情報の共有化

従来は電話やFAXなどで行っていた在庫照会や、出荷確認などについての社内や取引先からの問い合わせ対応などの事務作業は、WMSの情報を、Webなどを活用してパートナー企業と情報共有することにより効率化できます。

特に3PL業者の場合は、作業状況、在庫状況を荷主に開示することで、双方の問い合わせ作業や確認作業などの工数を削減し、データに基づいた管理が可能となり信頼関係の構築にも役立つでしょう。

また、VMS＊といわれる「ベンダーによる在庫補充」を行う場合、荷主からベンダーへ入出庫情報や在庫情報を開示することで、ベンダー側の判断で在庫補充量を決定するための基礎データともなります。

▶ 現状把握

物流作業を改善するためには、まず、現実の状況や問題を正しく把握することが必要です。また、問題の所在を明らかにし解決していくためには、その発生原因

＊**VMS** Vender Management System の略。

がわかるためのシステムが必要となります。そのために、WMSでは倉庫内の作業実績や在庫管理情報をデータ化し、**見える化**を行います。以下、"見える化"が活用されるポイントを3つあげてみます。

①生産性や品質悪化の原因はどこにあるのか？

WMSの作業実績データをもとにした作業生産性悪化や品質低下の原因分析で、改善のための方策を検討することが可能になります。

たとえば、入荷予定日に入荷が無い場合は、仕入先の納品遅延をアラームして出し、さらに、引当がかけられず欠品となった場合は欠品の原因として入荷遅延をあぶり出します。

②作業遅滞の原因はどこにあるのか？

WMSの作業進捗管理機能で進捗の遅滞を発見し、対策を取ることなどが可能になります。

たとえば、ゾーンやエリア別出荷作業の進捗管理において、特定のゾーンの生産性が低く、全体のボトルネックになっていることがわかれば、ゾーンの見直しや作業者の配置計画を変更するなどの対策を取ることが可能になります。

③コスト増大の原因はどこにあるのか？

ハンディターミナルなどから取得する作業時間や作業内容のデータを分析し、個人別の作業生産性や取引先別作業時間集計などを行うことが可能となり、改善やサービスの適正化のための元データとして活用することができます。

WMSは見える化のためのツール

情報 / 問題 所在、原因 / コスト / ボトルネック

Point4
現物在庫を管理するWMS

お金の流れを管理する基幹システムでは理論在庫による処理を行うのに対し、WMSは"物"と"作業"を管理し、作業の効率化、品質の向上、納期遵守のために現物在庫による管理を行います。これらの機能の違いからWMSの特徴について解説します。

▶ 現物在庫管理の目的

WMS導入の大きな目的は**QCDS**の向上を実現することにあります。物流業務を効率化し"Cost"、作業および在庫精度を向上し"Quality"、納期を遵守すること"Deliver"にあります。これらを実現するためにWMSは現物に即した物流情報を作成管理し、倉庫内に実際に存在する商品、つまり**現物在庫**に対する作業だけを指示することで、無い物を探す時間、迷う時間、歩く時間を無くし、効率化を図ります。

▶ WMSは現物在庫への出荷指示を行う

伝票上の処理を行う基幹システムでは、理論在庫に対して受注に対する引当処理を行うのに対し、WMSでは入荷検品あるいは入庫登録の完了した在庫、つまり現物在庫に対してロケーション在庫引当を行い、出荷指示および出庫指示を作成します。

基幹システムでは入荷予定のある商品に関しては実際に入荷していない段階でも入荷予定日には在庫があるものとみなしてあらかじめ在庫計上し理論在庫を作ります。その理論在庫に対して、受注データの引当処理を行い、出荷指示データを作成することがあります。

これに対しWMSでは、実際に入荷検品が終わった商品に対してのみ出庫作業指示を出します。そのため、入荷予定日になっても実際に入荷していない商品にはWMSでは出庫指示を出しません。入荷していない商品に対して出庫指示を出してしまうと、作業者は在庫の無い商品を探すことになり、作業のロスを発生させてしまうためです。

▶ 出荷引当の優先順位

　基幹システムでは、商流を管理する機能に由来し出荷先の優先順位の管理を行います。特に欠品の際にはどの出荷先を優先するかの判断を行います。

　これに対し、WMSで判断する引当基準は賞味期限などの日付やロットといった商品条件に関するものとなります。

　物流センターによっては出荷先の優先に関する欠品処理をWMSで行う場合もありますが、その場合は、欠品を均等にする「平等案分処理」や少量出荷先を欠品としない処理など、物流センターでは優先順位を判断しない画一的な条件の下で行うことが商物分離の原則上必要となります。

理論在庫と現物在庫

Point5
作業効率化を追求するWMS

お金の流れを管理する基幹システムでは伝票単位の処理が基本であるのに対し、WMSは作業指示を作成する際に伝票を統合、あるいは分割するなど作業を効率化するための機能を有します。

▶ 基幹システムでは実現できない出荷作業の効率化

処理単位を基本的に伝票単位とする基幹システムでは、作業効率化を目的としたデータの加工はできません。

以下に、一般的に基幹システムを用いただけでは実現できない機能を上げます。

①伝票の分割や統合など作業効率化のための作業単位を作成すること。
②配送コース別や作業エリア別などの伝票単位を超えた出荷作業の固まりを作成し、出荷段取りのための作業単位を作成すること。
③出荷頻度に応じた商品棚割ごとに効率的な作業方式を実施すること。

また、基幹システムでは、作業の標準化や効率化を図った作業の組み立てはできません。基幹システムは本来、お金の流れを管理するという目的であるため、倉庫内の作業効率化を意識したデータの単位でなく、その大半が伝票単位・売上単位で処理するものだからです。

このようなことから、基幹システムとは別にWMSは物流現場の作業効率化のために特化して作られています。物流先進国である米国ではWMSの歴史は長く、日本でもこの20年の中で大きく普及してきました。庫内作業を効率化し、品質を下げずに物流コストを下げることは、物流センターを運営する上での究極の目標です。この大きな目標を達成するために作られたシステムがWMSなのです。

保管作業の効率化

WMSでは、商品別、日付別の数量をロケーションや棚番と呼ばれる棚の番号に紐付けを行い、ロケーション別在庫管理を行います。これにより、あるはずの場所にあるべき商品が無く商品を探すために歩き回るといったロスを削減します。指示された作業が遅滞なく進められ、作業の効率化を図ります。

また、正確なロケーション別在庫を管理することで、**在庫差異**が発生した場合も、**作業実績データ**を追跡することで「いつ、どこで、どの作業でミスが発生したのか」といった原因追及も速やかに行うことが可能になります。

基幹システムとWMSは役割が異なる

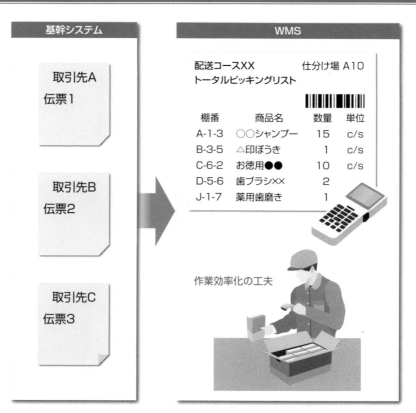

| 基幹システム | WMS |

取引先A
伝票1

取引先B
伝票2

取引先C
伝票3

配送コースXX　　　　　仕分け場 A10
トータルピッキングリスト

棚番	商品名	数量	単位
A-1-3	○○シャンプー	15	c/s
B-3-5	△印ぼうき	1	c/s
C-6-2	お徳用●●	10	c/s
D-5-6	歯ブラシ××	2	
J-1-7	薬用歯磨き	1	

作業効率化の工夫

Point6
「在庫の見える化」で適正発注

正確な現物在庫を把握することにより、精度の高い発注が可能となります。まさに「在庫の見える化」は、在庫適正化のための基礎情報となります。

▶ 適正在庫実現には「在庫の見える化」が必要

適正在庫の前提に、適正発注を行うことがあります。その適正発注を行うには、タイムリーで正確な入荷情報、出荷情報、在庫情報が必要です。正確な在庫把握ができない状態では、発注担当者は適時に適切な発注を出すことが難しくなり、ちょっとした判断ミスで過剰発注や欠品を起こす可能性があります。物流情報システムでタイムリーに正確な在庫が"見える"ことは、発注判断のための最重要事項となります。

▶ 在庫適正化の進化

日本でもSCM*が叫ばれて久しくなりますが、現実には製造業から小売業まで一気通貫で在庫コントロールが実現できている事例は多くありません。

たとえば、小売業におけるPOSレジの売上情報が直接に製造業の生産計画や卸売業の在庫計画に活用されることはなく、大半は各業者で需要予測を行い、発注計画を立て、生産と在庫を個別にコントロールしているといった状況にあります。

一般に小売業は、高い納品率や日付逆転を許さないなどの条件を取引先に課しており、その結果、中間流通在庫を調整する機能を担う物流センターでは欠品が許されない一方、在庫過多も許されないため、適正な在庫数のコントロールが重要な命題になっています。

▶ 流通業による在庫コントロール

また、最近では、店舗での機会損失、いわゆる"チャンスロス"を減らすために小売業者でも自社在庫を保有し、在庫コントロールを行う企業も増えています。

***SCM** Supply Chain Management の略。供給に関わる活動を統合化することによって、経営の成果を高めるマネジメント。

この中間流通在庫を減らすためには、在庫をコントロールする発注の精度を高める必要があります。そのために経験と勘で行っていた発注行為に対し、過去データの分析から統計学的に予測計算し、発注用のデータとして活用するために、**需要予測システム**を導入している企業も増えています。「需要予測システム」では、タイムリーで正確な在庫情報、入荷予定と実績情報、出荷予定と実績情報等が揃って、初めて正しい予測が可能になります。分析対象データが不正確では、正しい結果は得られません。

▶ 必要なものを必要なときに必要な量を調達

　正確な在庫の把握により、需要予測数にリードタイムや最大在庫と実際の出荷量推移を考慮したタイムリーな発注**不定期不定量**が可能になります。特に消費者のデマンドに応じた適正在庫化が要求される中間流通事業者にとっては在庫の適正化のために有効な手段となります。

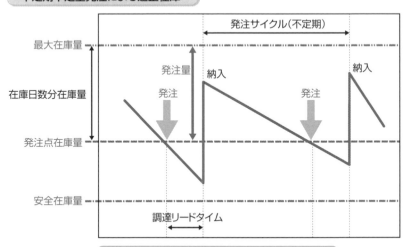

「在庫の見える化」で適正発注

不定期不定量発注による適正在庫

- 需要予測に基づき発注点在庫量を随時変動。
- 実際の出荷量の推移に合わせて発注を行う。

Point7
物流サービス、品質向上への対応

近年、物流サービスや品質に対する要求は、非常に厳しくかつ複雑になっています。特にトレーサビリティや鮮度管理、品質管理などは高いレベルが求められています。これらの要求に対して、WMSの機能はどのように活かされるのでしょうか。

▶ 物流に要求されるサービス・品質の高度化

物流に要求されるサービスや品質と、作業効率化というのは相反する要素であり、一方を実現するためには、片方が犠牲となるトレードオフの関係にあります。しかし、現実には、この相反するものを同時に実現することが物流現場に要求されています。そこで、近年求められる物流サービス・品質の代表的なものをあげ、そこにWMSがどのように機能するのかを解説します。

▶ トレーサビリティ、鮮度管理、品質管理

食品や機械など分野を問わず、**トレーサビリティ**への要求が高まっています。食品の安全性や、不良品の追跡、商品に対する製造物責任などを遂行するために、生産地やメーカーから消費者に至るまで、すべての流通過程で追跡可能となることが要求されます。

そのため、実際に"物"を流通させる物流現場でも、入荷から在庫管理、出荷までのすべての工程で**ロット管理**、**シリアル管理**、**製造年月日管理**、**賞味期限管理**などが要求されています。まさに"物"と"情報"の一体化が必要とされているのです。

しかしながら、これらの情報を作成し、保管するには非常に手間がかかり、物流コストを上げてしまう要因となってしまいます。そこでWMSで作業実績をデータ化するハンディターミナルなどの作業端末機能を活用し、ロットや日付、ロケーションなどの情報を入力し、データとして残すことで"作業"と"データ作成"を一体化し、効率化と情報作成の両立を図ります。「誰がどの作業を行ったか」という作業者の責任も明確になると同時に、トレーサビリティも実現し、さらには作業生産

性の実績データの管理も可能となります。

　また、食品や品質保持期間が定められている商品の管理にも、WMSが大きな効果を発揮します。同一の商品でも、入荷日やロット、賞味期限などが異なる場合は、全く別の商品として取り扱わなければなりません。

　いずれにしても、商品や出荷先の特性に応じた管理手法が求められます。WMSで実現される管理ポイントは、以下の2点です。

①製造ロット、シリアルナンバーの管理

　トレーサビリティの実現にあたっては、現品に対し、原材料の管理から製造工程、製造後の保管まで製造ロットやシリアルナンバーを管理します。

②入荷日、製造年月日、賞味期限管理

　入荷日や製造年月日などの日付情報を管理します。入荷予定データに無い場合は入荷時に入力を行います。出荷指示を出す際に、日付指定、先入先出しなどの引当のための情報として使用します。

　日付管理には、前回の入荷、出荷した日付より古くなることを防止する**逆転チェック**や、期限までの残日数を設定して、それを超えるものは出荷引当を行わない**日付制限**などがあります。また、入荷日や賞味期限により鮮度管理を行うこともあります。

要求されるサービス、品質にいかに対応するか？

流通加工

それでもコストはかけられない！

多様化するサービス
大きくなる品質責任

鮮度

トレーサビリティ

Point8
通過型センターと在庫型センター

物流センターには、在庫保管機能を持つものと、持たないものがあります。自社の物流センターはどちらに属するのか。機能の違いにより、マネジメントの手法が異なります。

▶ 通過型センター（TC）

TC*は、在庫保管を行わず、入荷した商品はすべて仕分け後に出荷することを前提としたセンターです。在庫がないために、そのほとんどはWMSの導入が不要です。TCセンターのシステムはいかに素早く仕分け作業ができるかということがポイントになります。そのため、出荷先別に仕分けるデジタルシステムやハンディターミナルの検品システムなど生産性を上げるシステムが必要となります。

▶ 在庫型センター（DC）

DC*は商品の在庫管理機能を有する物流センターです。商品および作業管理の効率化のためには物流情報システムの活用が必須です。そのため、本章では主にこのDCの効率化について解説しています。

▶ 一括物流センターと専用センター

量販店やコンビニエンスチェーンなどへの納品に対応するセンターです。店舗側の荷受けの手間を省くために、一つの物流センターに複数の仕入先からの納品を集約し、店舗単位に一つの便でまとめて商品を届けます。また、効率的に定時納品＝ジャストインタイムJITを行うためにルート配送を行います。

▶ オムニチャネルセンター

オムニチャネルセンターとは、BtoB（店舗や企業向け）の出荷機能に加え、BtoC（個人向け通販）の出荷機能を有するセンターを指します。多くは従来の

---

*TC　Transfer Center の略。クロスドック型センターとも呼ばれる。
*DC　Distribution Center の略。

BtoBセンターに通販機能を付加して拡張していることから、BtoB型とBtoC型の2種類のWMSで運用している物流センターがほとんどです。背景として、WMSの出荷引き当て方法、在庫管理方法、ピッキング方式がそれぞれBtoBとBtoCでは大きく異なることから、二重管理を余技なくされていることがあげられます。センター構築の設計段階からオムニチャネルセンターとしての計画があれば、通販と企業向けの在庫を1つに集約することで在庫管理のムダを削減し、出荷引き当ての合理化とピッキングの効率化を図ることも可能となります。新規でオムニチャネルセンター向けに物流情報システムを構築する際には注意すべき点となります。

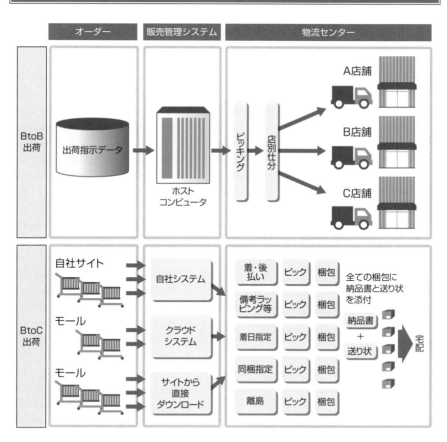

Point9
WMSの根幹機能となる
ロケーション在庫管理

"誰にでもできる"庫内作業の基本は、すべての商品の管理と作業指示をロケーション（棚番）にて行うことにあります。これはWMSの機能の根幹部分です。ロケーションに対する認識の曖昧な物流センターもありますので、今一度確認してみましょう。

▶ 作業の基本情報

　庫内作業を単純化するために、入荷、出荷、棚卸などすべての作業は、**ロケーション**で指示、処理します。WMSで商品アイテムごとのロケーションを設定することにより、保管場所を記憶し商品知識に長けた熟練者でなくても、誰でも迷うことなく、間違えずに作業を行うことが可能になります。

　ロケーション設定に必要な列・連の番号は、ピッキングの動線に合わせて付番することが理想的です。

▶ ロケーションの階層

　企業によっては異なる呼称を用いる場合もありますが、以下は一般的なロケーションの呼び方です。また、3PLの場合は、複数荷主管理を行うことから、倉庫の上位概念として**荷主**を持つこともあります。

①倉庫

　WMSでは現場の作業効率化の観点から、ロケーション管理は倉庫ごとの特性に応じた付番方法、付番順位を可能とします。

②ゾーン

　倉庫内のある一定のエリアを区切って**ゾーン**と呼びます。

③列・連・段

　棚が並んだラインの単位を列、列の中の一つ一つの棚を**連**、棚の各段を**段**と呼びます。段は下からカウントして1段目、2段目と呼びことが一般的です。

④間口

段の中の仕切りを**間口**（フェース）と呼びます。ロケーションの最小単位です。ケースエリアではパレット単位を基準に、ピッキングエリアでは1日分の出荷量を基準に間口の広さを設定します。

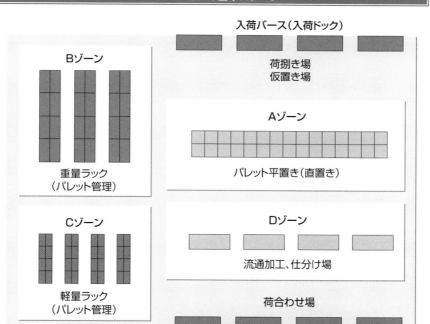

ロケーションの基本パターン

入荷バース（入荷ドック）

Bゾーン

荷捌き場
仮置き場

重量ラック
（パレット管理）

Aゾーン

パレット平置き（直置き）

Cゾーン

軽量ラック
（パレット管理）

Dゾーン

流通加工、仕分け場

荷合わせ場

出荷バース（出荷ドック）

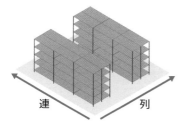

連　　列

ゾーン内には複数の棚があり、その棚は
列と連という属性で管理されます

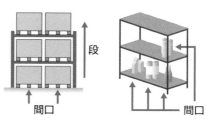

段

間口　　間口

連棚内はさらに段と間口で管理されます

Point10
ロケーションの付番方法

では、実際にロケーション番号を棚に付番してみましょう。保管棚は、入庫やピッキング作業、在庫管理の基本となりますので、これらの業務の効率化を高めるための付番方法をとる必要があります。また、ロケーション番号はバーコード化することで作業の効率化を図ります。

▶ ロケーションを付ける順番

庫内作業の手法やルールは、出荷作業をいかに効率よく行うかを最優先して決定します。ロケーション番号を付ける順番についても、出荷作業の運用やマテハン機器、倉庫の構造やレイアウトなどを考慮して付番します。たとえば、ピッキングカートを使用する場合はカート置き場を、コンベアを使った出荷を行う場合はコンベアのラインを基準として開始地点と終了地点を設定します。開始地点から終了地点までは**歩行動線**を最短化する付番順になることも考慮が必要です。

▶ ピッキングの進行方向

ピッキングの進行方向には大きく分けて**ワンウエイピッキング**と**ジグザグピッキング**の2種類があります。どちらを取るかによって番号の振り方が異なります。

ワンウエイの場合は、作業者には左側か右側の一方向だけの作業指示を出すシンプルな作業動線となります。一方、ジグザグの場合は左右両方向の棚への指示を出し、歩行動線を短縮化します。

▶ 表示するロケーション番号は覚えやすい桁数に

WMSでは、すべての作業をロケーション番号を基にして指示します。この表示方法によっては作業生産性に大きく影響を与えることもあります。

たとえば、人が一瞬見ただけでイメージを作れる桁数は3〜4桁といわれています。そのため、ロケーション表示は列、連、段、間口だけを切り出したり、協調

された形で表示することで見やすく直観的にイメージ出来るようにすることが必要です。

● ロケーション番号はバーコード印刷

バーコードを活用して手入力作業を省略したり、間違いの無い作業をしたりするために、ロケーション番号もバーコード印刷して貼付します。貼りにくい棚の場合は、できるだけ容易かつ間違いなくスキャンできる場所に貼る必要があります。

また、棚移動などの場合に備えて、磁石などの張り直しやすい素材を用いたり、棚自体に**ロケーション札**を入れるポケットを付けたりするとよいでしょう。

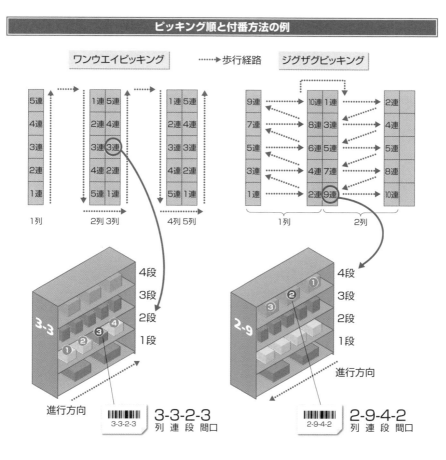

ピッキング順と付番方法の例

Point11
固定ロケーションと
フリーロケーション

WMSが持つ独自のロケーション管理機能である固定ロケーションとフリーロケーションを柔軟に使い分けることにより、商品の賞味期限、先入れ先出しの管理や、保管棚の有効活用、作業効率化が実現できます。

▶ ロケーション管理の考え方

大きく2つに分けて**固定ロケーション管理**と**フリーロケーション管理**があります。センターの役割や保管形態、目的によって適切なものをエリアやゾーン単位で設定します。この設定は物量の変化や、取引先の納品条件の変化など、状況変化に柔軟に対応するために、WMSでは固定管理とフリー管理を随時変更可能とします。

▶ 固定ロケーション管理

1つの商品を決められた固定の1つのロケーションで管理することを**固定ロケーション管理**と呼びます。

商品のロット管理や先入れ先出しの管理が不要な場合、頻繁にロケーションの見直しをする必要が無い定番商品の管理に適しています。固定ロケーションで管理することで入庫ミスが少なく在庫差異も発生しにくいという利点があります。また、在庫が無くなってもロケーションの登録は消えないため、棚に商品が無い場合は品切れであることが一目でわかります。一方、商品が無い場合でも一定の場所を確保するため、保管効率が落ちるというデメリットもあります。

ストックエリアとピッキングエリアを分けて管理する運用の場合、ピッキングエリアでは固定ロケーション管理にすることが一般的です。

▶ フリーロケーション管理

商品の入荷日、同一ロット、賞味期限などの単位で、その都度、実際に格納したロケーションに保管登録する管理方法を**フリーロケーション管理**と呼びます。

WMSでは、登録した保管単位の商品の在庫が無くなった時点でロケーションの登録を消し、別の商品を新たに登録とすることを可能とします。回転率の高い商品の保管スペースを流動的かつ有効的に活用することが可能となります。

　入荷エリアやストックエリア、ケースエリアでは主にフリーロケーション管理にすることが一般的です。また、以下のような機能を実現するためにも使われます。

①トレーサビリティ

　ロットや日付情報などをフリーロケーション管理でロケーションと紐付けを行い、入荷から出荷までの情報をデータ化します。

②先入れ先出し（FIFO*）

　入荷日付、製造年月日や賞味期限をフリーロケーション管理でロケーションと紐付けられ管理し、引当の際のFIFOを実現します。

③保管期間の短い商品群の管理

　大量に入荷し、すぐに出ていくような在庫量の変動が大きな商品を固定ロケーションで管理する場合、保管場所のムダが発生しやすく、ロケーションの見直しを頻繁に行わなければならなくなります。そのため、このような商品に対しフリーロケーション管理を取ることで、ロケーションの見直しをかける手間が省け、保管効率や作業効率が上がります。

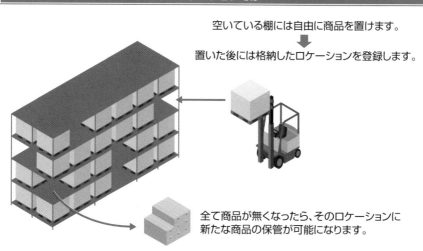

フリーロケーションでは……

空いている棚には自由に商品を置けます。

置いた後には格納したロケーションを登録します。

全て商品が無くなったら、そのロケーションに新たな商品の保管が可能になります。

＊**FIFO**　First In First Outの略。

Point12
ゾーン、エリアを活用した作業や商品への意味付け

物流センター内では、業務内容によっていくつかの作業エリアで区分されます。また、ロケーション特性を持たせることで、作業特性や商品ステータスの意味付けを行います。

▶ 作業方法に意味付けを行うゾーン、エリア管理

作業の目的や特性に応じて**ゾーン**や**エリア**に対し区別、意味づけを行う代表的なものを紹介します。

①固定、フリーロケーションなどのロケーション特性に応じた作業フロー

保管エリア単位で作業特性を設定することで作業手順や作業フローの標準化を図る手法があります。

たとえば、以下のような作業フローを設定します。ゾーン・エリアの区切りは、階・温度帯・荷主ごとや、センターの大きさや形、運用フローに合わせて変えます。

- 固定ロケエリア運用例

  入荷検品後は、指定されたロケーションに投入し入庫登録は行わない。

- フリーロケーションエリア運用例

  入荷検品後は空いたロケーションを見つけて入庫登録を行う。

②取引先別の保管エリアを設定する場合

出荷先別ピッキングを狭いエリア内での作業で完了することで**歩行距離**を短縮化し、作業の効率化を図ることができます。また、特売商品や企画商品など、通常の出荷商品と区別して管理する場合にも利用できます。

③保管形態ごとにゾーン、エリアを区切る場合

パレットエリアと**バラエリア**を分けて管理し、フォークリフトでの作業とピッキングカートでの作業など、作業性の違うものを分けることで作業の効率化を図ります。とくに、細かい間口管理が不要なパレットでの取り扱いが中心の商品などは、間口を設けずゾーンだけで管理することにより作業の効率化を図る場合もあります。

▶ 商品のステータスの意味付けを行うゾーン、エリア

ロケーション特性により商品の状態を明確にし、処理を制限したり、特別な作業を行ったりすることを可能にします。以下、その事例をあげます。

①返品エリア

返品商品を返品専用ゾーン、エリアに格納登録し、引当が掛からないようにすることで、間違って出荷することを防ぎます。また、返品処理を完了していないことを現物で認識することが可能となります。

②保留品エリア

返品商品などを良品と不良品とに分別する際に、**保留品エリア**に格納登録することで、分別作業を完了していないことを認識することが可能となります。

③仮置きエリア

入荷場などでいったん在庫を計上し、正式なロケーションが決定するまでの一時保管を行う場合に、**仮置きエリア**に格納することで、入庫済商品と未入庫商品の区別を明確にすることが可能となります。

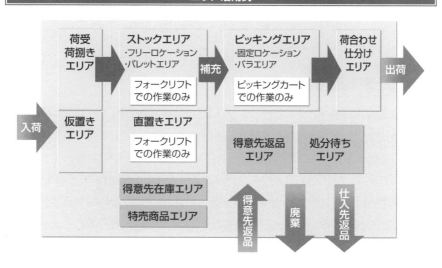

エリア活用例

Point13
ダブルトランザクション運用

出荷作業時の動線距離は倉庫内の作業効率に最も影響を与えます。最小の歩行距離になるための手法としてストックエリアとピッキングエリアを分けて管理するダブルトランザクション運用があります。

▶ ストックエリアとピッキングエリアとは

ストックエリアとは保管専用のエリアで、**ピッキングエリア**とは出庫作業だけを行うエリアのことです。商品の入荷後、いったんは保管のためストックエリアに入庫し、このストックエリアからピッキング専用のエリアへ補充を行います。ピッキング作業者はピッキングエリア内だけで出庫作業を完結し歩行距離を最短化し、作業効率を上げることが可能となります。

この場合、ストックエリアはケース単位や荷動きの大きな商品を保管することになるため、固定の場所を設定しないフリーロケーションで管理することで保管効率を上げます。これに対し、ピッキングエリアでは固定ロケーションで管理することで補充とピッキングの効率を上げます。

▶ 効率化を図る運用フロー

このようなストックエリアとピッキングエリアの2か所で同一商品を管理する**ダブルトランザクション運用**をとる場合、出荷作業のフローとしては、まずストックエリアからピッキングエリアへの補充を完了した後にピッキングを開始することが必要となります。たとえば、午前中にストックエリアへの入庫を終え、その後、ストックエリアからピッキングエリアへの補充を行ってピッキングを開始するという流れを作ることで欠品の無いピッキング作業を行うことが可能になります。

また、ピッキングエリアの商品配置に関しては、当日出庫予測数分だけを保管する小さなエリアにすることで歩行距離を短くします。予測を多めにとるとピッキングエリアの在庫が増え、面積が広がることで歩行距離は長くなり、作業生産性は

落ちます。逆に少なすぎるとピッキング時に不足が生じ、ストックエリアからの補充頻度が上がります。ピッキング作業中の緊急補充は作業を中断し、効率化を阻害します。補充のタイミングによっては、適正補充量となるよう事前に予測を行うことも必要です。

　ケース単位やパレット単位の大量出荷の場合は、直接ストックエリアから出庫をかけることでピッキングエリアからの出庫頻度を抑え、補充回数を減らすことが可能になります。

▶ 採用にあたっての注意点

　ピッキングエリアでの作業生産性は高くなりますが、ストックエリアからピッキングエリアへの在庫補充作業が発生し効率を阻害する結果になることもあるため注意が必要です。

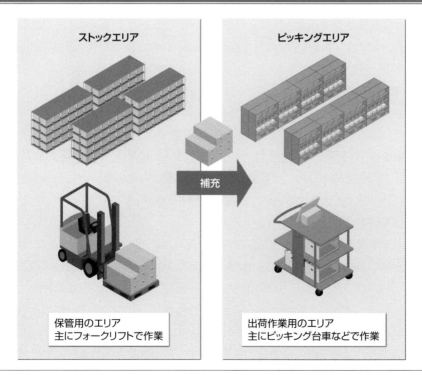

ストックエリアとピッキングエリアの活用例

ストックエリア

ピッキングエリア

補充

保管用のエリア
主にフォークリフトで作業

出荷作業用のエリア
主にピッキング台車などで作業

Point14
ユニットロード（荷姿管理）

物流現場では、さまざまな荷姿の商品を入荷から保管、出荷までを管理します。作業を効率化、省力化するための機械化のためにパレットやオリコンなどの最適な什器を活用したユニットロードで保管を行います。

▶ 荷姿を分析しよう

物流センター内では入荷から出荷までの各作業の特性に応じて最適なユニットロードを選択します。例えば、入荷時にケース荷姿の場合、そのまま保管し、ケースのまま出荷できれば最も効率が良いでしょう。可能な限り荷姿を変えないことが無駄な作業を排除することになります。しかし、入荷荷姿のままでは取り扱いが難しく作業効率が悪い場合、保管荷姿を変えることで後工程が効率化できる場合などは、オリコンなどへの詰め替えやパレットへの乗せ換えを行い運用に適したユニットロードを作ります。

①入荷時の荷姿と保管荷姿

パレット単位での入荷の場合はパレットのままで重量ラックで保管、ケース荷姿での入荷の場合は開梱せずケースのまま重量ラックや中量ラックなどで保管、フォークリフトを用いて作業を行う場合はパレットに積み付けて保管します。

ケース単位に満たないバラ荷姿での入荷の場合は、そのままでバラ単位での保管、あるいは、オリコンや保管ケースに積み替えを行います。

②出荷荷姿と保管荷姿

出荷効率を優先し、出荷荷姿に変えて保管荷姿とすることもあります。たとえば、バラ出荷が多く取扱量の多い商品は**ダブルトランザクション管理**を用いてケース保管とバラ保管を使い分け、取扱量の少ない商品はバラ荷姿のみでの保管となります。ボール単位で出荷する商品など入り数管理が必要な場合は、まとめて一つのエリアで管理することで誤出荷を防止します。昨今では、オートストアなどの自動化設備で、ビンと呼ばれる独自の保管ユニットを保有するものもあります。また、

バラ出荷を中心としたEC物流ではAGV※を活用し、バラ保管と出荷棚を兼用しています。

③特殊な荷姿の商品の取り扱い

　1つの商品で入荷から出荷までの間に「ケース」「ボール」「バラ」などの複数の荷姿を持つ商品の場合、出荷時に入り数や単位を間違えて数量ミスの原因となることがあります。荷姿や入り数違いのために誤出荷が多い商品については、WMSの商品マスタで荷姿別の入り数管理を行う対応が必要です。

効率的な荷姿管理

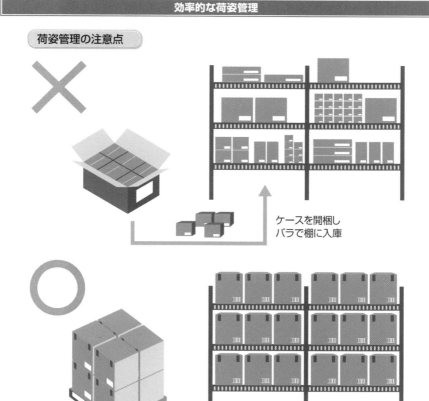

荷姿管理の注意点

ケースを開梱し
バラで棚に入庫

ケースはそのまま
開梱せず棚入れ

2024年問題①　2024年問題とは

　トラックドライバーの時間外労働時間に年間960時間の上限制約が課されることによって、2024年に国内貨物の約14%が運べなくなると言われている「2024年問題」。

　この労働時間短縮により、ドライバーが受け取れる時間外手当が減り、実質賃金の目減りで生活が維持できなくなることで離職者が増える恐れがあり、深刻なドライバー不足となることが懸念されています。その対策として、現在の低賃金を引き上げ、全産業平均並みの水準にしてトラック運転手を確保することが業界全体の課題となります。

　また、ドライバーの時間外労働が制限されることで、物流会社で請け負える業務量が減って売り上げが減少し、人件費の高騰と相まって、会社の収益を圧迫することが懸念されています。物流会社の収益が圧迫されれば、運賃の値上げが行われ、運賃値上げにより荷主負担が増加し、物価高騰の原因ともなりかねません。

　コストを削減するための「物流の効率化」が待ったなしとなっており、共同物流などによる輸配送の効率化、物流拠点の再配置による輸送時間の短縮化など、物流業界全体での改革が迫られています。

　それと同時に、荷主の商習慣の改善（高すぎる物流サービスレベルの要求）や、荷待ち時間の解消など荷主側の協力、そして、物流サービスは無料であると消費者の意識改革も不可欠です。

導入前準備編

　WMS は、物流改善のためのシステムと同時に、企業にとっ
ての物流戦略的ツールという側面を持っています。したがって、
WMS の導入にあたっては、物流部門のみならず全社的なプロ
ジェクト体制で臨まなければなりません。

　第 2 部では、WMS の導入に先立つ準備として、まずは、全
社的な視点によるプロジェクト推進のノウハウについて解説し
ます。そして、現状の課題提起と、WMS の導入によって、何
をどのようにシステム化していくべきかという具体的な改善目
標のピックアップの方法や WMS の導入に対する費用対効果の
捉え方についても触れます。

Point15
WMS構築は
全社的プロジェクトで

WMSは「在庫＝会社の財産」を管理するシステムです。WMSで実現したい目的や機能については、会社全体のプロジェクトでの調整や合意をベースとすることが重要です。ここでは、WMSを自社で構築する際のプロジェクト化の意義について解説します。

▶ WMSの構築を一部署だけで成功することはできない

かつて多くの企業では、情報システム部だけでWMSの構築を行うことが主流でした。その要因として、無線機器などの作業端末システムを活用するという点で物流情報システム構築の難易度の高さや特殊性があります。しかし、情報システム部だけの判断では、WMSの実運用の段階に至って、運用問題が発生したり、あるいは、取引先との条件の調整が後手に回ってしまいクレームになってしまう、などのリスクもあります。

そのため、近年では全部署の関係者で組織されるプロジェクトとして、通常業務から切り離されたSCM改革といった企業の根本課題を検討する中でWMSも構築するという企業が増えています。

▶ プロジェクトチーム化の問題

プロジェクト化の必要性が高い場合でもその実現にはリスクや制約もあります。

①時間的な問題

多忙な通常業務をかかえながら、プロジェクトにも参加できるのかといった時間的な問題にまず直面します。プロジェクト参画に際しては担当者の業務負担の考慮も必要です。

②プロジェクトリーダー人材の確保

プロジェクトリーダーは、複数部署の利害関係を調整した上で、経営者との合意を取っていく難しいミッションを担うため、調整能力に関する高いスキルが要求

されます。実際にはどの企業でもプロジェクトリーダーの人材不足に悩んでいるのが実情です。そのため、プロジェクト管理の標準化を図り、特定の人的なスキルに頼らない**プロジェクト管理手法**[*]を確立していくことが必要となります。

③プロジェクトのスコープ、目標の設定

　全社的問題として捉えられたプロジェクトの遂行には、事前に合意を得られた目標の設定が必要です。また、目標が曖昧だったり、漠然としていると、プロジェクト自体の具現性が低くなってしまい、意味のない活動になってしまいます。

④実行力の問題

　最後に、決定したことを実行に移す際、それが障害なく実行できるのか、全社をあげて協力してもらえるのか、または、実行の中身を最終的に経営者の一声で消されたり変更されたりはしないか、といった問題があります。実は、「社内の壁」が一番の阻害要因になる危険性が高いのです。

　これらの問題をクリアするためには、経営者の「全社的な問題」という点に対する認識の強さが重要になります。

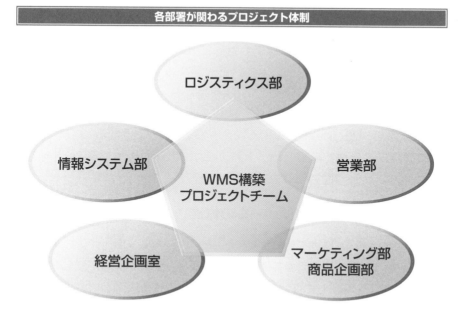

各部署が関わるプロジェクト体制

- ロジスティクス部
- 情報システム部
- 営業部
- WMS構築プロジェクトチーム
- 経営企画室
- マーケティング部　商品企画部

---

* **プロジェクト管理手法**　POINT16参照。

第2章　導入前準備編

41

Point16
プロジェクト管理手法の活用

WMS構築を成功させるためは、現場作業の改善事項をまとめる「プロジェクト管理手法」の活用が不可欠です。これに基づきWMS構築のための計画書を作成し、プロジェクトの進行をはかります。

▶ 複雑な要因をもつWMSのプロジェクト

WMSは、"現場"の作業効率化を支援するツールです。したがって、導入プロジェクトの現状調査項目においても、現場の作業・運用フロー、事務作業・事務フロー、納品条件など多岐に分かれ、それに従って考慮すべきシステム化要件も多岐に及びます。一つの作業進捗が少しでも遅れれば、他の工程に大きく影響を与える結果にもなりかねません。そのようなWMSのプロジェクトを管理するためにも、定形化されたプロジェクト管理手法を採り入れることで、より確実な実行管理が可能になります。

▶ プロジェクト管理手法とは

プロジェクト管理手法は、米国ではすでに冷戦時代に確立されており、米国の非営利団体であるPMI*から**PMBOK***と呼ばれる指針が出されています。古典的な**QCDS**のみを管理するプロジェクト管理に対して、他の様々な要因も含めてコントロールしようとする近代的プロジェクト管理の一つです。

▶ モレや重複の無いスケジュールの作成

プロジェクト管理の中身で特に重要なものに「作業の洗い出し」があります。ここではまず、プロジェクトの作業範囲と要求事項を決めていきます。これを**スコープ**の定義と呼びます。このスコープをもとに、必要と思われる個別の作業をすべて洗い出します。たとえば、WMS構築準備作業に必要な条件を、現状分析と新システム要件の確定と仮定します。この作業範囲で必要な業務分析やシステム構成

＊**PMI**　　Project Management Institute の略。米国プロジェクトマネジメント協会。
＊**PMBOK**　Project Management Body of Knowledge の略。PMIが作成したプロジェクトマネジメントの基礎知識体系。

の調査などの作業の中身を洗い出していきます。この作業をプロジェクトマネジメントでは**WBS**[＊]と呼んでいます。

▶ 計画書の作成と実行・成果のまとめ

スコープとWBSをもとに、9つの管理視点で計画書を作成し、さらにこの計画書をもとに各管理グループにおいて**改善PDCA**サイクルの中で実行と変更管理を行います。

①9つの管理視点

「統合」「スコープ」「タイム」「コスト」「品質」「人的資源」「コミュニケーション」「リスク」「調達」の9つです。

②管理グループ＝5つのプロセスグループ

「立ち上げ」「計画」「実行」「コントロール」「終結」の5つです。

③立ち上げ

「プロジェクト憲章」を作成します。

④計画

プロジェクトの計画書を作成します。統合・スコープ・タイムは「進捗計画書」、コストは「費用計画書」、品質は「品質計画書」、人的資源とコミュニケーションは「組織要員管理計画書」に、リスクは「リスク計画書」、調達は「調達計画書」になります。

⑤実行・コントロール

計画をもとに実行し、進捗管理および変更管理を行います。

⑥終結

各計画に基づいた実行の成果をまとめます。最終的に「プロジェクト完了報告書」「プロジェクト実績報告書」を作成します。

＊**WBS**　Work Breakdown Structure の略。

Point17
プロジェクトの進め方

現状調査から本稼働まで、WMS導入プロジェクトをどのように進めていくのかというポイントに関して解説します。

▶ プロジェクトの進め方

①現状調査と課題整理、システム化要件の抽出

社内および社外の現状を調査します。体制、システム、運用、取引先条件、システム化で解決すべき問題や課題などWMSを構築する上で必要な情報を事前に調査します。現状調査を基に問題を課題化し、課題を整理し、解決の優先順位付けまでを行います。解決の優先順位の中でも業務改善とシステム化による改善とを区別し、システム化による改善の対象となるものをシステム化要件として取りまとめます。

②WMSの導入目的の策定

現状調査と課題整理の結果を基に、プロジェクトの目標となる**WMSの導入目的**を策定します。これは、プロジェクトの根幹ともなる需要なプロセスとなります。システム化による改善の過程で、様々な状況変化により目的が見失われることもありますので、プロジェクト進行中は常にこの目的に立ち返りながら進行することが重要です。

③要件定義

対象課題の中から業務改善による課題解決対象を除いたシステム化要件に従い、WMSの機能範囲、運用フロー、システム構成などを策定します。

④費用概算算出・費用対効果算出

要件定義をもとにして作成された概算費用とWMS導入によって期待される効果とを比較し、費用対効果の面からの実現可能性を検討します。これを受けて、機能の削減、追加、修正し、スケジューリングを行って要件定義を確定します。

⑤RFP作成

要件定義を受けてシステム部門、システム開発会社への見積依頼書、提案依頼書を作成します。

⑥システム開発（設計と開発）

　システムの設計と開発を行います。業務フローを確定し、ユーザーインタフェースやシステムインタフェースなど基本機能に関する設計を行い、その後、アプリケーションやデータベースの詳細設計を行って開発に進みます。

⑦並行稼動と本稼働

　既存システムから新システムへ商品マスタなどのマスタや在庫情報データなどのデータ移行を行い、実際に使用する環境を構築します。一定期間は旧システムとの並行稼動を行い、不具合発生時のバックアップとします。また、この期間に作業者の教育や訓練を行い、本稼動に臨みます。

第2章　導入前準備編

システム化要件

業務改善とシステム化による改善（システム化要件）の切り分け方法

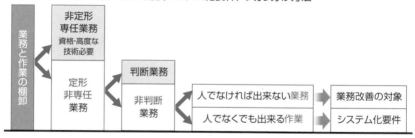

改善プロジェクトの流れ

Point18

WMS導入目的

WMSを導入する目的を定め、それを実現するためにQCDSの観点やKPIを活用し、必要な機能要件を確定して行きます。WMS構築は、この導入目的と評価指標を基本として進められます。

▶ WMSの導入目的

導入目的を明確に持たないままにWMSを導入してしまうと、必要な機能を欠いてしまったり、不要な機能のためにかえって効率性が失われてしまったりと、結果としてWMS導入は失敗に終わってしまうこともあります。

そのようなことを防ぐためにもWMSの導入目的をまず明らかにし、その目的を達成するために「何を、どこまで、どうやって、いつまでに」するのかを事前に決めていくことが大切です。導入目的が複数ある場合、費用対効果やスケジュールの面から優先順位をつけることも必要です。これにより、機能面での優先順位も確定されます。

▶ 優先順位の確定

機能の優先順位は、「今、何を一番解決すべきか？」「もっともクリティカルなのは何か？」という自社の物流戦略の観点で決まります。

この物流戦略の設定に際して、まずは、会社の将来あるべき姿にとって必要な機能や現在の課題を解決するための機能を具体化する目標を設定します。その際に活用する指標として**QCDS**や**KPI**があります。

QCDSの観点から目標を定め、その目標に従った具体的な必要機能と導入の優先順位を定めます。この優先順位は、目的の優先順位に加え、導入の費用対効果も考慮し定めます。この目標達成の定量化のためにKPIを活用し、数値管理を行います。

● 現場によって異なる導入目的

　物流戦略に即し、QCDSの観点で定められた導入目的は普遍的なものはなく、企業ごと、現場ごとに固有のものになります。

　とくに物流センターでは、出荷先特性や商品特性に加え物流センターの構造に応じても課題と解決優先順位、解決内容が変わります。WMSの導入目的も物流センターごとに設定されることが理想です。

　また、時代の変化に応じて要求されるサービスレベルの質や内容も変化するので、QCDSやKPIの中身については、常に見直す必要があります。

WMSの導入目的を明確に

目的

共通の目的にプロジェクトは
まとまります

システム部

ロジスティクス部

商品部

第2章　導入前準備編

Point19
ロジスティクスKPIを
活用しよう

物流分野でもKPIの活用が広く浸透しています。KPIは目標の達成度を測るための"ものさし"です。WMSの導入目的の成果を定量的に測定する指標としてKPIを活用します。

▶ 注目されているロジスティクスKPI

KPIは、WMSの導入目的を設定するための重要な指標となりますが、それに加え最近では、物流におけるアウトソーシングの前提条件として有効に活用できる点が大いに注目されています。

旧来のアウトソーシングでは、品質とサービスの対価として、どこまでアウトソーシング費用を考慮すればよいかという客観的な基準がありませんでした。「できるだけ誤出荷をしない」「がんばって納品時間を守る」など精神論に近いものであったといっても過言ではありませんでした。

しかし、荷主とアウトソーシング会社が共通のKPIという客観的な評価基準を基に会話をすることで、お互いの作業とそれに対する正当な対価の責務も明確化できるようになりました。

▶ 社内の評価指標としても活用

社内においても同様で、物流部門の評価を適正に行うためにもKPIが活用されます。

ここで、ある会社の例を紹介します。当時の物流部では、他部署のイレギュラー依頼を柔軟に受け過ぎていたために納品ミスや出荷遅れが頻発していました。そのため、社内では低い評価しか受けられず、自社物流を廃止し、アウトソーシング化するという方針転換がなされました。ところが、アウトソーシング後は委託先と費用面で大きな問題が生じ、契約を破棄するまでの結果となりました。アウトソーシングの前提となる作業には、イレギュラー処理が含まれていなかったため、追

加費用が大きく発生してしまったからです。また、融通が利かなくなってしまった
ため、取引先へのサービスレベルが下がってしまい、売上そのものも減少してしま
いました。

　このように、イレギュラー対応まで含めた業務分析と評価基準、サービスレベ
ルの基準を設定しないまま、外部委託してしまったことが原因で契約が破綻した
例は少なくありません。根本的な問題を解決せずにアウトソーシング先を変更して
も、また同じことの繰り返しになってしまいます。

　アウトソーシングの際にもKPIを活用することは、自らの物流サービスやアウト
ソーシング先の機能が最適か否かを判断するための指標にもなります。

▶ 達成できるKPIとアクションプランを

　ビジョンや戦略に即して作るKPIも、達成できないものであっては意味がありま
せん。現状に即した、達成可能なKPIを適切に決めていくことが大切です。「絵に
描いた餅」では結局活用できないものになってしまいます。

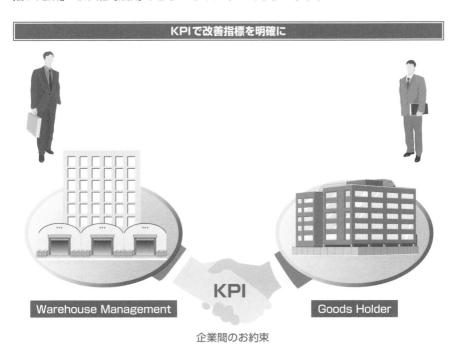

KPIで改善指標を明確に

Warehouse Management

KPI

Goods Holder

企業間のお約束

Point20
運用変更で解決するか、
システム化で解決するか

課題解決のためには、すべてをシステムで解決するのではなく、個々の課題の真の発生原因を追求し運用を改めるなど、柔軟な解決策を図ることが必要です。まずは、運用改善で解決できないかを探ります。

● 課題の洗い出しとムダ作業、ミス作業

まずは、課題を洗い出し、それらが運用のルールやフロー、ロケーションの変更などで可決可能か否かを検討します。

課題の着眼ポイントは、**QCDS**の観点をもとにした**重複作業**や**無価値作業**などのムダ作業が無いかという点です。

たとえば、「ただ出力しているだけ」の帳票は無くす、使用していないラベルの出力と貼付はやめる、など当たり前だと思っていたムダな作業を無くすことで作業の**ボトルネック**や**クリティカルパス**を無くし、センター全体の効率を上げることもあります。まずは、業務改善で解決の方向性を探ることで過剰なシステム化を防ぎます。

● システム化の必要性

次に、業務改善による課題解決の領域を超えたものを、システム化で目的が達成できるか否かを検証します。

● 前提条件の変更リスク

取引先の納品条件や流通加工の有無、あるいは流通チャネルの変更など将来的に変更される可能性のある前提条件に対するシステム化については事前調査を行い、慎重に検討する必要があります。

システム化の絞り込み

課題作業	価値判断	考え方	方向性
入荷検品 出荷検品 棚卸	付加価値活動	無くす 減らす 変える	業務改善で効率化
伝票入力 出荷ダブルチェック 全品棚卸	重複活動		システム化で効率化
入荷予定表印刷 出荷リスト印刷 在庫表印刷	無価値作業	無くす	

Point21

システム化の範囲の絞り込み

　物流現場の作業を効率よく稼働させるには、すべての機能をシステム化対象とするのではなく、現場ごとの特殊性に応じて効率的な運用を実現するための機能に絞り込みを行うことが必要です。過度のシステム化はかえって効率化を阻害することもあります。

▶ システム化機能の範囲

　他のセンターで使用している機能だから、WMSパッケージシステムの標準機能だからという理由だけで必ずしも持っている機能すべてを使う必要性はありません。センターの構造や取引先との条件など現場ごとの個別要件によってシステム化機能の範囲を決定します。当たり前のように考えられているWMSの機能でも、センターの構造や条件によっては使えない場合もあります。

▶ 入庫指示の自動化はどの範囲まで？

　入荷検品時に、適正保管場所の指定をシステムで自動的に計算し入庫ロケーションとして作業指示を行ことで、効率的な入庫作業につながることがあります。これに対し、もっと柔軟な現場運用を重視する場合は、システムでは空きロケーション検索や推奨ロケーションの指定のみを行い、実際の入庫場所は作業者の判断で決定するという方法もあります。

　システム化で作業者の熟練性を排除するのか、あるいは、運用の柔軟性で状況に応じた対応を重視するか比較考慮し、機能を決定します。

▶ 固定ロケ管理で入庫登録や入庫検品機能は必要か？

　フリーロケーション管理では在庫計上のために入庫時はロケーション登録が必須となりますが、固定ロケーション管理の場合は、入庫登録の機能を必要とせず入荷検品時にロケーション在庫を自動的に計上する方法と、別途「入庫登録・検品」

を待って在庫計上する方法の2パターンの構築方法があります。

　前者では、入庫登録作業を排除することで作業の効率化や、早いタイミングでの在庫計上を可能とするメリットがある一方、入庫の正確性が低くなり、入庫作業が遅れ出庫までに棚入れが間に合わなかった場合は、ピッキング作業者には商品を**探す**ことや入庫を**待つ**時間が発生してしまい、ピッキングの作業効率が下がってしまうデメリットがあります。

▶ ピッキングエリアへの補充登録機能は必要か？

　ストックエリアとピッキングエリアを分けて運用する場合、補充後にピッキングエリアに在庫計上を行うタイミングで2パターンの構築方法があります。システムから補充指示を出した時点で補充を完了したものとみなしピッキングエリアに在庫を計上する方法と、もう一つは、ハンディターミナルなどで補充完了の入力作業をもって計上する方法があります。前者は補充登録の作業が不要となりますが、補充作業が遅延した場合、ピッキング作業者には商品を**探す**、補充を**待つ**時間が発生しピッキング効率が下がってしまうデメリットがあります。

運用にマッチした最適なシステム化が大切

システムで縛られすぎて
運用が回らない

システム

システム

システム

システム

システム

システム

システム

システム

システムが多すぎて
目的が分からなくなってしまう

Point22
得意先条件の調査

WMS導入の時期、方法、機能などについては、とくに得意先の条件に影響を受けるものが多くあります。これを事前に洗い出すことが必要です。稼働後に、思わぬトラブルの発生によって得意先の信頼を損なわないよう、十分な調査を実施しましょう。

▶ 管理形態

得意先の条件によっては、商品の品質やロットなどを加味して管理する必要が生じます。たとえば、輸入品や食品の品質検査期間の保管状態や、品質のレベルなどをステータス管理し、引当の条件とすることもあります。その他、ロット不良が発生した場合の出荷停止機能などロット管理機能が必要な場合もあります。

▶ サービスレベル

①納品時間

WMSでは出荷先ごとの納品時間を基にした物流センターからの出荷時間を考慮し、出荷作業の組み立てを行います。製造業界で始まった**JIT**＊が流通業界でも要求されており、着荷時間を考慮した作業計画が必要となります。

②納品条件

納品時の指定梱包形態やラベル貼付、配送便の指定、ASN情報の要否などを調査します。

③納品率・欠品率

得意先の納品率や欠品率の基準に合わせて、物流センター内の在庫率や引当の優先順位を設定します。一般的には、納品率が高くなるほど在庫率が上がり、結果として在庫が増えるという関係にあります。

④誤出荷率

得意先によっては、誤出荷率を1万分の1以下と設定するなど条件を指定される

＊**JIT** Just in time の略。トヨタ自動車が世界に広めた工場生産における「必要なものを必要な時に必要な量だけ生産する」いわゆる「カンバン方式」。現在では、流通業界における店舗への定時配送の意味でも使われている。

こともあります。商品違いを防ぐためには、AutoIDシステムを活用します。数量違いを防止するためには、更に重量検品システムの導入や、全品スキャンチェックなどの工夫を要します。

▶ 指定伝票

伝票と呼ばれるものには、様々な企業で共通で使っている同じフォーマットの統一伝票（Ⅰ型、Ⅱ型など）と、業界団体で統一されている伝票（百貨店伝票など）と、得意先に固有の専用伝票があります。

これらの伝票を商品と同梱する場合は、作業の進捗と伝票の発行タイミングや発行場所を考慮してシステム化する必要があります。効率化のために運用フロー全体を見直すことも考慮に入れる必要があります。

▶ 物流量

物流センター内の運用改善とシステム改善の双方のために、経年で変化する物流量の確認は必須となります。

特に、効率化のための**マテハン機器**の導入に際しては物流量の基礎データを活用して費用対効果算出を行います。

得意先ごとに異なる条件を再確認

	得意先A	得意先B	得意先C
納品時間	1便:10時 前後15分 2便:17時 前後15分	15時 前後30分	9時(夜間納品)
納品条件	指定カゴ車納品(通い) 指定便 SCMラベル(指定) ASN情報・到着30分前まで	コンテナ納品(自社コンテナ) 自社便	コンテナ納品(自社コンテナ) 自社便
納品率	95%以上	定め無し	90%以上
誤出荷率	0.01%以内	定め無し	0.05%以内
伝票	伝票レス	ターンアラウンドⅠ型	指定伝票
取引高	平均 60行/月・1店舗あたり 6,000行/月・全体 波動率:上50%、下50%	平均 10行/月・1店舗あたり 100行/月・全体 波動率:上100%、下100%	平均 100行/月・1店舗あたり 500行/月・全体 波動率:上100%、下100%

Point23
システムの拡張性の見きわめ

システムの拡張性が高ければ、一度投資したシステムを拡張して活用していくことができます。これは、将来的な出費をどれだけ抑えられるかということにもつながります。WMS構築当初から物流センター機能の拡張性を見据えたシステム化の検討が必要です。

▶ データ増大に対する拡張性

当初予定していた物量を大幅に上回る状況になった場合、システムやデータベースの構築方法によっては、突然システムが動かなくなってしまうということがあります。データ規模の想定にあたっては、どの規模までを見越して投資するのかの判断が必要です。

これは、費用対効果の達成時期とシステムの信頼性にも関連し、WMS構築の非機能要件を決めるための前提でもあります。以下、その例をあげました。

①マスタ、データの増加

マスタ、データの増加に際し、対策としてデータベースのチューニング対応だけで済むのか、サーバの増強が必要なのか、あるいは、データベースの構造そのものを変える必要があるのか等により、コストに大きな違いが生じます。

データベースの構造そのものを変える必要がある場合は、システムを作り替えるに匹敵するコストと時間がかかることになり、システムの拡張性としては致命的な問題を抱えていると言えます。WMSパッケージシステムの検討の際には、必ず事前の確認が必要です。特に注意が必要なポイントは、商品マスタの品番項目の種類や、日付やロットなどの商品管理特性を管理するマスタの項目、ロケーションマスタの桁数制限などです。

②倉庫の増加

複数拠点を管理する企業では、複数の倉庫管理を同一の商品マスタで管理できる機能や拠点マスタで管理方法を変更できる機能などが必要です。具体的には、

WMSパッケージを選択する際に、倉庫の追加時には管理ごとにサーバを追加していかななければならないなのか、あるいは、同一サーバ、システム内で管理できるのかという点に関し確認が必要です。

③作業者の増加

物量や取引先の増加に伴うデータ量の増加に対応し、庫内作業者を増加させた場合、作業端末の台数が増えることになります。その際、作業端末をコントロールするシステムがどれくらいの台数の拡張性を持っているかがポイントになります。とくに無線システムの場合、クラウド環境でリアルタイムに作業指示と実績データを作成する場合などはレスポンスが悪くなることもありますので、対応能力について事前に確認が必要です。

▶ 機能の拡張性

仕入先や得意先の取引条件の増加や変更など、当初想定していた運用フローを変更せざるを得ない場合、WMSそのものの作り直しではなく、一定のパラメーターの変更やカスタマイズで対応できる構造となっていることが必要です。

パラメーターが多いほど、環境の変化に柔軟に対応できますが、不要なパラメーターが多すぎると処理速度が遅くなる原因ともなり、注意が必要です。

システム拡張に対応したデータベース構造を

データベース

第2章　導入前準備編

Point24
Auto-IDの活用

　作業効率化や品質向上のために、バーコード・二次元コード・RFIDなどAuto-IDを活用したシステムの導入を検討します。

▶ Auto-IDとは

　情報をバーコード、QRコードやRFIDなどに変換した媒体をスキャニングすることで、自動的に商品の識別を行ったり、情報を取得したりすることを可能にする技術です。**自動認識システム**とも呼びます。以下、それぞれの代表的な媒体を紹介します。

▶ バーコード（一次元コード）

　バーコードの体系は大きく分けて二種類あります。日本国内で共通で使える**JANコード**と、特定の取引関係や企業内で使用する**プライベートコード**として使われるものです。どのコード体系でも誤読防止のために**チェックデジット**と呼ばれる検証用数値を末尾に付けて自動で読み取り精度をチェックしており、誤読率はほぼ0％とみなすことができます。

①国内共通コード：JANコード*

　国際標準である「UCC/EAN128」のコード体系に準拠して1987年に日本国内で規格化されました。その後、2007年3月より国際標準の商品コードGTIN*の導入が始まりました。

②物流標準コード：ITFコード*

　主に段ボールに印刷されている物流コードです。チェックデジットが無く、桁数チェックができないため、読み取り桁数の指定を行うなどシステム側でカバーする必要があります。

③CODE39

　米インターメック社で開発されたバーコード体系です。数字以外にアルファベッ

---

*JANコード　Japan Article Code の略。
*GTIN　Global Trade Item Number の略。
*ITFコード　Interleaved Two of Five の略。

ト、記号の合計43個のキャラクタを使用できるため、主に社内品番などプライベートコードのバーコード化に使用されます。

▶ 二次元コード

横方向にしか情報を持たないバーコード（一次元コード）に対し、縦と横に情報を持つコードです。バーコードに比べより多くの情報をコード化でき、しかも、印字面積を小さくすることができます。

①QRコード*

日本で開発されたコード体系。全方向、高速読み取りが可能です。英数字、カナ、バイナリデータ、漢字も効率的に表現でき、大容量データの省スペース化が可能です。コードの最大30%が破損しても読み取りが可能です。

②RSSコード*

1999年に世界標準化されたコード体系。省スペースで印字可能なため、ラベルが貼付しにくい曲面をもつ商品、精肉などの計量商品の管理や、医薬品、医療材料、食品などの製造年月や品質保持期限に用いられ、ロット番号や流通経路追跡などのトレーサビリティへの活用が期待されています。

▶ RFID*

ICチップを埋め込んだタグから、電磁界や電波などを用いた近距離での無線通信によって情報をやりとりするシステムです。物流でRFIDを実際に活用している事例も増えてきており、流通業界ではアパレルで普及してきています。

バーコードと二次元コード

JANコード

ITFコード

QRコード

---

*QRコード　　Quick Response Code の略。
*RSSコード　Reduced Space Symbology の略。
*RFID　　　Radio Frequency Identification の略。

Point25
マテハン機器の活用

WMSの導入に際し、業務を効率化するための自動化機器、いわゆるマテハン機器が活用されます。WMSとマテハン機器の連動により、サービスと品質を同時に向上させることが期待できます。

▶ マテハンとは

マテハンとは、"マテリアルハンドリング機器"の略称で、物流センター内で使用する「保管」「運搬」「搬送」「仕分け」などに用いる資材と機器の総称です。以下は代表的な機器の例です。

▶ 保管・運搬・搬送機器

商品保管を行うマテハン機器としては**自動倉庫**や**移動ラック**などがあります。運搬機としては、**フォークリフト**や**AGV**、搬送機として**コンベア**や**垂直搬送機**などがあります。

▶ 物流資材

商品の保管や運搬のために使われる**パレット**、**オリコン***および**カゴ車**などを**物流資材**といいます。

パレットは、ケース品の運搬に使用する他に、センター内での保管用でも使用します。日本国内では、**JIS**（日本興業規格）により、一貫輸送用平パレットの規格サイズは、**T11**（1100×1100×144mm）に定められました。この規格に従い、パレット用のラック（重量ラック）の規格や、パレットを積載するトラックのサイズも統一されています。

カゴ車は、パレットと同様に、運搬・保管用器具として使用します。カゴ車を主に積載するトラックはカゴ車のサイズに合わせた車体設計となっていることもあります。カゴ車のままトラックに積み込み、出荷先にそのまま納品することで、積み

***オリコン** 折り畳み式コンテナーの略。

替え作業や検品作業の手間を省く運用もあります。また、カゴ車に**RFID**を取り付け、入出庫データを自動作成するといった活用事例もあります。

▶ 仕分け機器

　出荷の仕分け時に使用するマテハン機器として、ピースソーター、ケースソーター、**DAS**（デジタルアソートシステム）、DASが進化した**GAS**（ゲートアソートシステム）などがあります。

▶ 自動認識を活用した検品機

　作業効率化や品質向上のために、「バーコード」「二次元コード」「RFID」などでの自動認識による検品機の活用があります。商品コードや日付やロットなどの情報をスキャニングすることにより自動的に100%の精度に近い識別を自動的に行います。

▶ BtoC時代の自動認識

　BtoC物流を中心にバーコードの無い商品が増えていることに対応し、照合にスマートフォンを活用した**画像検品**や**音声認識システム**も普及してきています。

マテハンの活用

マテハン機器

- ●パレット
- ●カゴ車
- ●コンテナ
- ●DPS ●DAS ●GAS
- ●ピッキングカート
- ●フォークリフト
- ●自動倉庫
- ●音声システム ●画像システム
- ●ハンディターミナル

Point26
出荷作業の特性に応じた
最適なツールの選定

ピッキングや出荷検品などの出荷作業のシステム化を検討するにあたり、デジタルピッキング、ハンディターミナル、音声システムなどの様々なツールがあります。どれを活用すべきか判断の目安はあるのでしょうか。各ツールの特性と活用法の違いについて解説します。

▶ ピッキングシステム（摘み取り）

ピッキング作業の手段としてデジタルピッキング（DPS）とハンディターミナルなどの無線端末を活用したハンディピッキングの2種類があります。それぞれのメリットとデメリットがありますので、出荷特性に応じて使い分けを行い活用します。

①デジタルピッキング（DPS）

作業者は棚に設置した表示器が点滅している棚を視覚的に即座に確認し、ピッキングができるため作業生産性が高い一方、検品機能が無いため「誤出荷」対応については弱みを持っています。ピッキング時に無線端末による検品作業を付け加えるか、最終出荷時に検品工程を追加することで誤出荷を防止します。

また、デジタル表示器を設置する方式の場合、固定ロケーションでの運用が前提となり、アイテム数が多い場合や商品入れ替わりが激しい場合は運用に適さないこともあります。そのため、現在では固定化の必要のない無線型のデジタル表示器が開発され、注目されています。

②ハンディピッキング

無線端末の画面確認作業が必要となるため、ピッキング作業はDPSより生産性が落ちますが、検品しながらピッキングすることで後工程の検品が不要となるため、全体としてはDPSよりも生産性が高くなることがあります。また、商品を固定ロケーションで運用する必要がないため、商品アイテム数が多い場合は特にハンディピッキングの方が適しているといえます。

▶ アソートシステム（種まき）

アソートとは仕分け先の棚やカゴ車などに商品を置いていく、いわゆる**種まき方式**の仕分け作業です。

①デジタルアソート（DAS）

デジタル表示器の点灯により、ひと目で仕分け先がわかり、素早い作業が可能となります。入荷してすぐに仕分け作業が必要な日配品、冷蔵品の仕分けに活用されています。固定型の表示器では仕分け棚も固定されてしまいますので、出荷先の変動が大きなセンター運用の場合は無線の表示器を活用します。

②ハンディターミナル仕分け

画面表示との照合と確認が必要となり、デジタルアソートほどの作業生産性は期待できませんが、スキャン検品までを同時に完了できるという点でメリットとなります。

▶ 最適な機器の選択

このようなそれぞれのメリットとデメリットを考慮し、一般的にはピッキングはハンディピッキングを用い、アソートはデジタルアソート（DAS）を用いることが多いといえます。DASの誤出荷の弱みを解決するために最近では**GAS**（ゲートアソートシステム）の活用事例も増えています。

また、音声認識能力の向上や、スマートフォンなど機器の汎用化による低価格化で**音声認識システム**も普及してきました。音声によりロケーション指示や商品照合を行い、ピッキング作業を効率化します。生鮮食品や原材料、通販専用の商品などでバーコードの無い商品の管理にも活用事例が増えています。

効率的な出荷作業に最適なマテハン選定

最適な機器の選択

●GAS

扉が開いた間口
へ商品を投入

●音声ピッキング

発話で商品
を照合

2024年問題②
国が進める「物流革新に向けた政策パッケージ」

　トラックドライバーの時間外労働時間に年間960時間の上限制約が課されることによって、2024年に国内貨物の約14%が運べなくなると言われている「2024年問題」。

　多くの荷主企業が懸念を抱えているものの、具体的にどのようなアクションを取ればよいかわからないといった声を筆者は頻繁に耳にします。これまでの日本の物流業界における慣習を踏まえながら、解決の方向性について考察していきたいと思います。

　荷主企業が物流企業を選定する際に重視する要件は品質・コスト・サービスレベルです。できるだけ少ないコストで、荷主企業が求める納期で対応できる物流企業を選定することは、自社のサービスレベルを高めるために不可欠です。しかしながら、マクロの視点では荷主企業と物流企業のパワーバランスにおいて、荷主優位となっており、物流企業は慢性的な人手不足等の問題を抱えながらも、荷主企業の期待に応えようとオペレーションを何とか維持しているのが現状です。しかしながら、荷主企業によっては、物流企業を自社のビジネスに貢献するパートナーではなく、アウトソーシング先の一つの業者としてしか見ておらず、荷主企業が求めるサービスレベルを提供できなければ、業者を変更しさえすればよいという姿勢を取ることがあります。確かに物流企業にサービスレベルの向上を求めることは必要ではありますが、物流危機が社会問題化している中で、物流企業が単独でできることには限界があります。

　政府は、「物流革新に向けた政策パッケージ」における具体的な施策として「商慣行の見直し」・「物流の効率化」・「荷主・消費者の行動変容」の3本柱を掲げています。これらの施策を受けて荷主企業に取り組んで頂きたいことは、現状の物流課題の洗い出しを行った上で、中長期を見据えたあるべき物流像をパートナーである物流企業と共に明確することです。そのうえで取り組むべき施策を導出し、協力して実行していくことが肝要です。欧米では、荷主と物流企業間の協力によって効率化を実現した場合には、ゲインシェアを行うことが一般的なので、そのような取組を通じて、改善の継続を図るのも良いと思います。

Point27
要件定義書の作成

WMSの導入目的を実現するために、基本方針の確定をはじめとして、システム化の方針と機能、運用フローなど様々な要件を定める要件定義書を作成します。ここでは、要件定義書に必要な各項目の作成ポイントについて解説します。

▶ 要件定義書に必要な内容

①基本方針

WMS構築の背景、目的や目標、解決すべき課題などを記載します。

②現状業務フローと新業務フロー

現状の業務フローと新業務フローの双方を作成します。また、各々のフローを比較し、変更点を明らかにします。特に、現状課題の解決を目的とする場合は、どの変更点がポイントとなるのかを明示します。システムの流れと作業フローの流れの双方が、どのような関係になっているかがわかるようなフロー図を作成します。

③機能要件

対象業務の範囲を定め。業務一覧と要求機能を定義します。

機能の説明としては、たとえば、送り状と入荷予定リストによる入荷検品、無線端末による入庫登録とピッキング検品、荷合わせ検品といった具体的な作業の内容がわかるものが必要です。WMSの導入目的達成のための具体的なシステム化の要件を記載します。

④アーキテクチャ

WindowsやLINUXなどのOSや開発言語を何にするのかといった基本構造となるアーキテクチャ、ORALCEやSQL-Serverなどのデータベースは何を使うかといったことや開発手法などを定めます。

⑤非機能要件

- 可用性（Availability）
- 性能・拡張性（Performance・Extensibility）
- 運用・保守性（Operation・Maintainability）
- 移行性（Migratability）
- セキュリティ（Security）
- システム環境（System environment）

⑥導入計画

導入時の教育に関する要件、移行計画などを定めます。

移行計画は、既存システムから新システムへのマスタ、データの移行方法の計画を作成します。コード体系などの違いからデータを移行できない場合は、新たにデータを作成しなおさなければならないこともあり、非常に時間がかかることもありますので、事前の調査を行い、稼動時期に合わせた期間と体制を作ります。

⑦運用体制

新システム稼働後の運用と保守体制を作成します。今までに無かった管理作業のための担当者の指定や、連絡経路なども定めます。

⑧スケジュール作成

すべての条件を確定した後、開発フェーズから本稼働までの全体のスケジュールを作成します。

Point28

概算費用算出と費用対効果試算

WMSの導入効果と構築に掛かるコストを事前に対比した費用対効果を検証します。この効果試算によっては機能削減やプロジェクトそのものの見直しが必要になることもあります。

▶ 概算費用算出

要件定義書に従って、ハードウエア、ネットワーク構築、システム開発、パッケージライセンス費用、ハードウエア、ソフトウエアなどすべての維持にかかわる保守費用、導入費用、工事費、データセンター維持費、交通費、宿泊費等の諸経費、大きなプロジェクトの場合は、プロジェクト維持費など、WMS構築に関わるすべての費用を算出し、概算費用を算出します。プロジェクト進行に伴って発生するリスクに備えて、概算費用は多めに想定します。

▶ 想定効果試算

WMSの導入効果には、金額で換算できる**定量効果**と金額では換算できない**定性効果**とがあります。定性効果とは、その機能そのものでは効果を金額で算定できなくとも、定量効果を補強する効果となります。費用対効果試算では定量効果の方を用います。

定量効果は、輸配送費用、保守費用、消耗品、通信費用、システムおよびハード費用の削減、作業効率化による作業者の作業時間削減、などによる人件費の削減が算定対象になります。

主に作業効率化によって削減される金額の算定には、作業時間を計測する**物流ABC**が活用されます。計測対象として物流現場の作業を中心に考えがちですが、WMSで実現する機能により削減、効率化される作業は事務作業や営業部門の作業など、全社的に影響する場合もありますので対象作業の選定時に留意が必要です。

▶ 費用対効果

①その目的を達成するのにその費用は適正か？

　想定効果金額では、何年で投資費用を回収できるかを算出し、適正な期間内に投資額を回収できるか否かを検証します。

②その費用は予算の範囲内か？

　いくら費用対効果があっても、予算をオーバーしているものに対しては、機能削減など要件定義書の見直しを行う必要があります。

　コストを上げる要因としては、他に無理な導入期間なども考えられます。短期間でシステム構築を行う場合には、開発効率が落ち、開発人員が膨れ上がる可能性が高いためです。

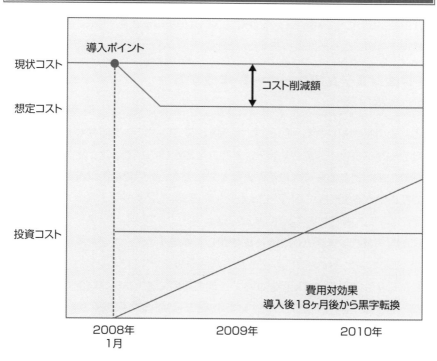

WMS導入の費用対効果を検証しよう

Point29
RFPの作成

開発見積もり依頼に際して、要件定義の内容に即したRFPを作成します。外部委託で開発する場合でも、自社で開発する場合でも、開発の背景や目的を共有するために必要なドキュメントとなります。

▶ RFPとは

RFPとは、Request for Proposalの略です。システム構築にとって必要な情報である開発の目的や背景、機能、業務フロー、スケジュールなどの要件定義の内容を外部、内部に対して表明するものです。このRFPに従い、システムベンダーや社内開発部門から見積や実現可能なスケジュールの提案を受け、選考基準に従った検討を行い、最も条件の合致するパートナーやシステム構築方法を選定します。

▶ RFPはシステムのオーナーが作成する

WMSは、企業の活動の一部を管理する重要なシステムです。そのWMSを構築するための基本指針となるRFPは、企業全体のコンセプト、すなわち、ビジョンや経営戦略に従って作成されます。また、経営全体のビジョンと経営戦略は、企業活動の中核となるものなので、外部で決定できるものではありません。その経営戦略に添って作成されるRFPはWMSを管理、運営、活用するシステムのオーナー自身によって作成されることが理想的です。

RFPを外部のシステムベンダーに依頼して作成するケースがよく見受けられますが、これには大きな注意が必要です。RFP作成のすべてを他社に依存してしまったために、社内部署連携に問題が生じ、現場運用にマッチしないシステムができ上がってしまったり、問題点が発生した際の責任の所在が不明確になってしまったりなど、失敗事例も少なくありません。

時間や人材の都合上、RFPの各論部分を外部企業の協力のもと作成することはやむを得ない場合もありますが、少なくとも基本コンセプトや総論とスケジュール

についてはシステムを所有する企業で作成しなければなりません。

▶ RFPに基づく提案のレビュー

　RFPに従って、外部開発会社や社内開発部から見積や導入スケジュールなどの提案書を提出してもらいます。この提案書の検討のために、事前に選定のための基準や指針を作成しておきます。審議を行う際には、プロジェクトに参加するすべての部署を絡めて検討を行います。

　開発元が決まった後は、パッケージシステムであればベンダーによるFIT&GAP（適合性のチェック）を行い、正式な開発工数とスケジュールの確定を行います。

RFPで自らシステム構築条件を明確に

システムオーナー

実際に使うシステムのオーナー

RFP作成

Point30
パッケージシステムか、独自の
システム構築か、クラウドか

WMSベンダーから販売されているパッケージシステムを改造して自社に適用するのか、自社で独自に構築するのか、それぞれメリットとデメリットがあります。ここでは、パッケージシステムやクラウドを選定する場合のポイントについてまとめました。

▶ パッケージと自社開発システムの違い

標準機能を装備するパッケージシステムを使用して業務を改善するべきか、それとも自社の業務に合わせたシステムを独自開発した方がよいのか、いずれかの判断で悩むケースもあるでしょう。パッケージシステムの場合と自社システムの場合のメリット、デメリット、注意点をおさえておく必要があります。

▶ パッケージシステム選定のポイント

①FIT&GAP

要件定義とパッケージシステム機能のかい離度が小さければ、改造も少なくて済みます。そのため、パッケージベンダーによる**FIT&GAP**と呼ばれる適合性の調査を行い、自社への適用度を計ります。

②トータルコスト比較

導入費用、カスタマイズ費用、ランニング費用、ソフトウエアおよびハードウエアの保守費用、将来的に必要となるカスタマイズ費用などトータルの費用で比較します。

③機能の拡張性

将来的な変化に対する対応力として、パッケージシステムに機能拡張性があるのか、マスタ設定などで機能変更や追加をできるか否かを検証します。

④運用変化に対する柔軟性

運用の変化に対する柔軟性として、運用フローの変更可能性を検証します。

たとえば、入荷検品の後、必ず入庫処理をしなければ先に進まないというフローを取るシステムの場合、入庫処理が不要な物流センターの運用にはマッチしない場合も考えられます。

⑤導入実績数や類似業種での実績

良いパッケージシステムとは、豊富な導入経験に基づき、必要と思われる機能が標準装備されているものです。そのような標準装備の機能を活用することで、開発費用の削減、導入期間の短縮化が図られるばかりか、物流センターを高度化するためのノウハウも同時に得られます。

パッケージベンダーによっては、特定の顧客で構築したシステムをパッケージと称して販売し、新たな顧客の要件はその都度つくり足しているところもあります。そのようなWMSの場合、後で発生した要件の追加ごとに莫大な費用負担や、WMSそのものを作り直さなければならないこともあります。

また、業種により物流の特性が大きく異なるため、同じ業種の事例を多く持つパッケージシステムを導入することもポイントとなります。そのパッケージシステムが、どの業種を中心に導入経験があるかによって、組み込まれている標準機能の内容や使い勝手が大きく異なってくるからです。たとえば、食品業界の場合は**賞味期限管理**、精密機器の場合は**ロット**や**シリアル管理**が標準機能として必要となりますが、それを実現するためのハンディターミナルやPC操作画面、帳票などの自社への適合性が高いことが必要となります。

▶ クラウドの活用

データセンターでの運用を必須とする場合は、特にクラウド型のWMSを活用することが増えています。現在、WMSパッケージベンダーの多くはクラウド型に対応できるようになっています。ただし、カスタマイズがある場合や長期間使用する場合は、クラウドそのものが使えない場合や、トータルコストではかえって割高になることもありますので注意が必要です。

また、何よりも**QCDS**などの目的を達成するために、検討するWMSが必要な機能を満たした上で、利用期間内のハードウエアとソフトウエア、および保守費用の総額と費用対効果の点でメリットのあるシステムを選択しましょう。

Point31
物流のアウトソーシングと
WMS構築主体の関係

商物分離の結果、物流業務を物流専門会社に委託する場合においてWMSは荷主企業で構築すべきなのか、それとも委託先で構築すべきなのか、その判断基準について解説します。

▶ 企業戦略におけるWMSの位置づけ

WMSによる実現目的には自社の物流戦略を反映する必要があるため、物流センターを主導的に管理する立場にある企業によってWMSを構築することが望まれます。

たとえば、荷主側主導で物流の効率化をはじめ、品質やリードタイムの向上をコントロールする場合は荷主側でWMSを構築し、アウトソーシング先である3PL業者は荷主のWMSで運用を行うことになります。

これに対し、3PL業者によるセンター運用において、荷主ごとに違うシステムで運用すると効率化の阻害となる場合、3PL業者で主体的にWMSを構築します。このWMSを戦略的ツールとして、新規の荷主獲得や荷主サービスの向上、他社との差別化を図るために活用するということも考えられます。

▶ 委託する物流の規模とアウトソーシング企業の能力

WMSをどちらで構築するかは、実際には、物量の大きさ、センターでの運用の形態、企業規模などを総合して判断します。

物量の小さな複数の荷主を同一のセンターで管理する場合は、アウトソーシング先でWMSを構築することでトータルコストが抑えられ、センター全体を効率的に稼働させることが可能になり、両社にとってメリットがあるといえるでしょう。

反対に、荷主規模が大きく、複数センターを同一のシステムで管理する必要がある場合などは、在庫状況、作業状況、生産性データなどを把握、管理する必要から、荷主側でWMSを構築することが合理的となることも考えられます。

システム改造が最小限となる方を選択

　荷主規模が小さい場合でも、荷主の特殊な運用や、基幹システムの構造などによっては、荷主システムで運用することの方が合理的な場合もあります。業界独自のEDIや特殊な伝票発行システムなどが存在する場合も同様に、荷主システムをそのまま活用した方がよいケースもあります。

　このような複雑なシステムオペレーションを回避するために、3PLはWMS機能を多機能化し、どのような荷主管理でも標準的に使えるようにすることが求められています。

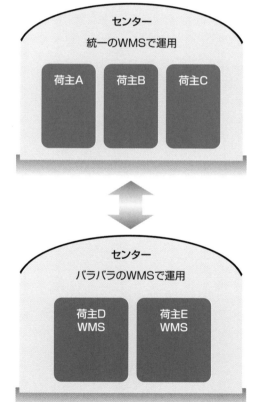

3PL業者におけるWMSの運用法の違い

センター
統一のWMSで運用

荷主A　荷主B　荷主C

運用はシンプル

荷主独自の複雑な
運用対応は出来ない

WMS機能を汎用化し
作業を標準化する
ことで対応する

センター
バラバラのWMSで運用

荷主D
WMS　荷主E
WMS

運用は複雑

荷主の特性に応じた
運用ができる

第2章　導入前準備編

「作業の標準化」の真相

　改善の基本とされる「作業の標準化」について検討会を行うたびに、この基本的でシンプルな言葉に対する定義が、意外にも個々の担当者や会社によって異なることに驚くことがあります。

　ある3PL企業では、作業の標準化を「どの荷主でも共通で作業が出来きるようにすること」と定義しています。また他の3PL企業では、「全国の物流センターで共通の物流システムで稼働すること」などと定義しています。正解はどれでしょうか？今の組織がおかれている状況によって答えも異なりますので、「正解は無い」ということが正解なのかもしれません。

　管理者の立場からは、作業は同じやり方、システムも同一のものであることが一律で管理しやすいと言えます。

　一方で、改善のためには現場主義・現場最適の考え方を貫徹し、荷主や拠点構造などの個別要件を考慮した個々に最適な作業のやり方とシステムにすることが望ましいと言えます。その意味では、標準化は個別解を否定してしまう副作用となり、効率化の敵になることもあるのです。

　もしかして、管理者に都合の良いやり方を「標準化」と定義してませんか？　時にはかえりみることも必要です。

業務改善編

　業務改善は PDCA サイクルとして継続的に行われ、WMS プロジェクトのすべてのフェーズで、システムとは切り離して常に繰り返さなければなりません。また、システム導入後も、効果検証のためにも繰り返し継続して行う必要があります。それは、システムだけですべての課題が解決されるわけではないからです。第 3 部では、改善プロジェクトの目標設定から、現状調査、改善実行までのノウハウを解説します。

Point32
改善プロジェクトの目的と目標の設定

改善プロジェクトを開始するに当たっては、「何のための改善プロジェクトなのか」という目的と目標をしっかりと取決め、全メンバーで共有しておくことが重要です。これが疎かであると、様々な場面における意思決定がばらつき、プロジェクトの迷走を招くこともあります。

▶ 目的と目標の設定

プロジェクト活動は、大航海に例えられることがよくあります。広い海原を何の**目的**や**目標**も持たないまま、いつ終わるともわからずに漕ぎ出すなどということは、誰もしたいとは思いません。海原に漕ぎ出す理由（目的）や、目指すべき目的地（目標）、概ねの航路や手段がしっかり定まってこそ、初めて人はその航海に挑む意欲がわくものです。

改善プロジェクト活動においてもこれは全く同じです。活動に参画するメンバーにその目的と目標が共有され、それが一人一人に腹落ちしてこそ、プロジェクトに勢いがつき、困難な課題にも取り組んで行けます。

また、この目的と目標の設定は誰の目から見ても明らかなものにしておく必要があります。特にプロジェクト目標については、**定性**と**定量**の両面で定義します。定量の場合は特に**効果**として設定します。

▶ メンバーを巻き込む「目的と目標」の共有

物流改善活動は、製造や営業部門の協力無くして進めることができないテーマも多く、関連部門のメンバーが傍観者的であると、プロジェクト活動がスピーディに進みません。このような事態を避けるため、キックオフ以前のプロジェクト準備段階で関係部門のキーマンに集まってもらい、目的や目標設定のディスカッションに巻き込んでしまうのが効果的です。

このような場を事前に何度か設けることで、プロジェクト企画の背景や取組の

重要性、自部門を含む全社への影響等が共有され、プロジェクト活動への参画意欲の醸成にもつながります。

▶ プロジェクトのキックオフ

　プロジェクト活動の開始に当たっては、キックオフミーティングを設け、プロジェクトリーダーやオーナーから、その活動の目的や目標を打ち出し、参加者一同がこれを共有します。ここで、「本当にできるのか?」「メリットがあるのか?」といった率直な疑問や課題に対するディスカッションを行って当事者意識を向上させることで、今後の積極的な活動参画へ導きます。

目的・目標がないと船（プロジェクト）は迷走

ゴール

目標はあっち

Point33
現状分析に外せない「現地調査」

業務改善やシステム化の前提として現状を正確に把握することが必須となります。この現状把握は既存資料の分析だけでは、十分とはいえません。プロジェクトメンバー自らが現場に足を運び、「事実」をつかんで来ることが大切です。

▶ 現状調査の重要性

人によって「現状」の捉え方や理解の度合は様々あるとともに、過去における事実と「現状」に大きな違いが生じているケースは少なからずあります。したがって、物流改善を始めるに当たっては、まず現状における「事実」、特に不都合な事実（問題点）を洗い出すことから活動がスタートします。

▶ 現状共有の必要性

物流改善は物流部門のみならず、その川上や川下の部門（たとえば製造や営業など）と連携が必要になることがあります。したがって、これら関係部門の面々に現状業務の実態や問題点、課題を共有、認識を一意にし、その解決に向けた取組への巻き込みを図ることが重要です。現状実態を調査、可視化することは、改善活動にとって必要不可欠です。

▶ 事実の裏付けを取る

改善担当者がその業務に精通し、良いところも悪いところも知り尽くしているからといって、現状調査はやらなくてよいということではありません。各人の業務知識やキャリアは異なり、全員が同じレベル感で業務を捉えているとは限らないからです。物流改善を進めるにあたっては、改めて正しい現状把握を行います。

▶ 調査の内容

プロジェクトスコープ内にある主だった業務については、以下の点について細か

く調べることとなります。

①いつ　When
②誰が　Who
③どんな仕事を　What
④何のために　Why
⑤どんな頻度で　How often
⑥どんな手順で行っているのか？　How to
⑦そしてそこでは、どんな問題が起こっているのか？　Problem

▶ QCDSとの関係

　物流改善は**QCDS**（Quality, Cost, Delivery, Safety）のいずれかの観点で整理することができますが、取り組みはC（コスト削減）とD（納期やリードタイム短縮）といった、業務効率向上が中心テーマとなることが多いため、以降の現状調査（定性分析と定量分析）の項では、主にCとD（業務効率向上）にフォーカスした取組手法について概説致します。

現状調査は外せない

現状調査の重要性

昔はこんな運用
だったけど…

最近は○○○に
変わってますよ

部長　　　　　　　　　　　　　　　　　　担当者

現在の「事実」を正確に捉えた上でないと議論が噛み合ない。

改善プロジェクトスタート時には、定性・定量面での実態調査は必須！

Point34
定性と定量の両面から現状実態を把握

既存資料やインタビューをもとにした定性分析で深堀するポイントを見定めた後、データをもとにした定量分析を実施します。

▶ 現状調査の手法

現状調査では、改善対象となる業務について、「いつ、誰が、どんな仕事を、何のために、どんな頻度で、どんな手順で行っているのか」をつぶさに調べるべく、定性と定量の両面において、調査、分析、検討を行います。

なお、**定性分析**とは、業務プロセスや顧客条件などの外部要因および内部要因で数値化できない事象に関する分析を指し、**定量分析**とは、数値データをもとに行う分析を指します。

▶ 調査の進め方

この作業においてはまず、業務マニュアルやシステム仕様書、操作説明書、各種作業帳票類等の既存資料を手あたり次第集め、これらをベースに業務の全体像と調査や分析のフォーカスポイントや作業ボリュームの当たりを付けます。

その後、定性分析として改善対象となる業務の洗出しと、各業務どうしのつながりや処理手順、問題点、課題を可視化すべく、業務一覧表や業務フロー、システム構成図の作成に取り掛かります。

次に、この作業の中から顕在化してきた問題点や課題について、**オーダ分析**や**商品ABC分析**、在庫分析、**ワークサンプリング分析**、**物流ABC**などの**定量分析**を行い、そのボリュームと業務に与えるインパクトの把握を図ります。

定性・定量の両面から現状実態を把握

●定性面

●定量面

インタビュー

作業観測データ

- 業務一覧表
- 業務フロー図
- 物量フロー図
- システム構成図

- オーダー分析
- 商品ABC分析
- 在庫分析 *
- ワークサンプリング分析

* 本書ではふれない

第3章 業務改善編

Point35
定性分析で業務の構成要素や その関係性を明らかにする

他者からは一目で理解しにくい業務の流れと関係性を、チャートやマトリクスによって可視化します。

▶ 業務一覧表（マトリクス）

対象業務についてそれが、「いつ」「どんな頻度で」「誰が」「どんな仕事を」「何のために」実施しているのかを一覧表にまとめたものです。業務フローでは捉えきれない仕事一つ一つの詳細を記述できるため、改善活動では適時、業務フローと併用します。また、フォーマットを揃えて事前にそれを各業務担当に配布することで、各自で作成してもらうことも可能となるため、使い勝手のよい業務調査ツールの一つです。

▶ 業務フロー図（チャート）

各業務の流れと業務間のつながりについて、業務名や仕事内容を記述した「箱」と、つながりを示す「矢印」で表現した概念図です。各業務を担当する部門ごとのレーンを設け、左から右に時系列で業務の流れと関連を「箱」と「矢印」で記述していきます。水泳プールのレーンのようであることから、**スイムレーンチャート**とも呼ばれます。誰が、どのタイミングで何の仕事を実施しているのかが一目でわかり、現状の事実を把握する上でも、問題点をポインティングする上でも使い勝手がよいツールです。

業務マニュアル等、既存資料の中に業務フローが記述されていることもありますが、部分的な物であったり、記述粒度の点において、細か過ぎたり荒過ぎると、そのままでは活用しづらい場合も多く、改善活動の中で新たに作成することとなります。

この業務フロー作成に関しては、記述粒度の統一性の観点から、業務担当者ではない改善担当者がこの作業を担当します。

業務の構成要素やその関係性を明らかにする（定性分析）

業務一覧表

業務分類	作業名	作業内容	担当	頻度	使用システム	問題点・課題
受注処理	受注処理起動	製造・物流向けの作業指示を作成・出力する	業務部	日次	受注管理SYS	
	受注サマリ作成	当日の受注一覧を出力しファイリング在庫補充計画に利用	〃	〃	—	
	在庫確認	引き当て可能在庫を参照	〃	〃	受注管理SYS	
	納期仮入力	システム算出の標準納期を仮で入力する	〃	〃	受注管理SYS	
	納期回答入力	特注品については、製造部からの回答納期を待って、納期回答入力を行う	〃	〃	受注管理SYS	
	指示書納期転記	指示書に納期の手がきを行う	〃	〃	—	
	納期入力	特注品について、製造部からの回答納期を入力する	〃	〃	受注管理SYS	
	EDI納期回答入力	特注品について、製造部からの回答納期を入力する	〃	〃	受注管理SYS	
	出荷入力	製造・物流向けに出荷指示を行う	〃	〃	受注管理SYS	

第3章　業務改善編

Point36
現状調査にもとづく
業務フローの作成

現状把握のために業務フローを作成することは必須となります。この業務フロー作成は、現場調査を行っているその場で作成することで、より精度の高いものとなります。

▶ 持ち帰り作成は生産性と精度が落ちる

現場ヒアリングやディスカッションの後、一旦それを持ち帰って業務フローを起こすといった方法もあります。しかし、時間とともに記憶は不確かとなるため、精度が低くなる上に、内容をチェックできる相手（業務担当者）がいない中での作業であるため、効率的ではありません。

また、PCで清書したものを業務担当者にチェックしてもらい、修正をかけるといった作業の繰り返しは、時間も掛かり現場への負担が大きくなります。

▶ 現場で作成しチェックする

業務フロー作成に当たっては、実際にその業務を行っている担当者から聞き取りを行うより他に手はありません。業務担当者の頭の中にある業務とその流れを聞き出し、それを紙に落とし、抜け漏れや不備を確認してもらうといった手順を踏みます。

とても手間の掛かる作業ですが、この作業を効率よく行う方法としては、業務担当者から業務の流れを聞き取りながら、その場でホワイトボード上に業務フローを手書きする方法があります。この方法は、業務担当者にその場で内容チェックしてもらうことができるため、記述の抜け漏れや不備をその場で修正しつつ、最終形に近い業務フローを短時間で作成することができます。

インタビューに基づき「その場」で業務フローを作成する

ホワイトボードを使用しての業務フロー作成

第3章　業務改善編

業務担当者へ聞きとりしながら、その場で業務フローを作成する。

Point37
オーダ分析① 出荷荷姿による作業方式と庫内レイアウトの検討

「どのような荷姿（パレット、ケース、バラ等）で出荷されるオーダが多いのか」を把握することにより、作業方式や庫内レイアウトのあり方を検討することが可能となります。

▶ オーダ分析とは

物流センターでは、いかに効率よくスピーディに商品を出荷することができるかということが大命題であり、特に出荷業務の改善（ピッキング作業等）は、数多くの現場で取り組まれるテーマの一つとなっています。

また、物流センターには、お客様の注文に対して「間違い無く」「過不足無しに」「約束した納期で」商品をお届けすることが要求されるため、業務改善やシステム改善を行う上においては、お客様の注文（オーダ）がどのような属性や特徴を持ち、それがどのような集団に層別できるのかの把握が必要となります。これに対し、オーダ分析は非常に多くの示唆を与えてくれるツールとなります。出荷方式やレイアウト設計、WMS要件定義等、目的に応じた切り口でこの分析作業を行います。

以下に、物流改善の現場でよく使われる切り口を例に、オーダ分析の活用法を概説します。

▶ 出荷荷姿による層別

物流現場において、単一の荷姿（たとえばパレット単位のみ等）のみで出荷がなされることは稀であり、1オーダ内でパレット出荷とケース出荷や、ケース出荷とバラ出荷等、複数の荷姿の組合せとなる場合が大半です。特にサプライチェーンの川下に位置する流通業では、パレット、ケース、ボール、バラといったあらゆる荷姿で商品が出荷されます。

そこで1日分のオーダが、どのような荷姿を組み合わせたオーダ群で構成させるかを可視化することで、ケース出荷エリア（**ケースエリア**）やバラ出荷エリア（**バ**

ラエリア）といった庫内レイアウトのあり方や、庫内作業とそれをコントロールするWMSに必要な要件、現状の問題点も見えてきます。

　たとえばオーダ分析の結果、ケース出荷のみのオーダが大半を占め、バラやケース＋バラ出荷のオーダがごくわずかといった場合であれば、バラ出荷専用エリアは設けず、ケース出荷エリアでバラ出荷も同時に行う方式を採用するといった判断ができます。

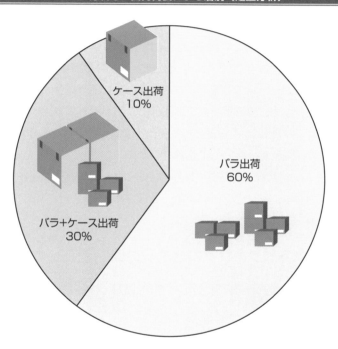

オーダ分析①：出荷荷姿による層別（定量分析）

ケース出荷
10%

バラ出荷
60%

バラ＋ケース出荷
30%

> オーダ分析により庫内レイアウトや作業方式の
> 最適解を求める事が可能となります。

Point38
オーダ分析② オーダ当たりの 行数によるピッキング方式の検討

「オーダ当たり行数のバリエーション」を把握することにより、最適なピッキング方式を検討することが可能となります。

▶ 分析の目的

　出荷方式を選定するにあたり、「**シングルオーダピッキング**（1オーダ単位でピッキングを行う）を採用するのがよいのか」、または「**マルチオーダピッキング**（複数オーダをまとめてピッキングを行う）がよいのか」、それとも「**種まき方式**がよいのか」などのピッキング方式を適切に選定することは、最重要テーマの一つです。オーダ分析は、これらピッキング作業における問題点の把握と、作業の効率化や最適化を検討する際のツールとして活用されます。

　オーダ当たりの行数を切り口に、1日分のオーダがどのような**行数分布**になっているかを層別することにより、その現場に最もフィットするピッキング方式を選定することが可能となります。

▶ 行数分析によるピッキング方式選択の例

　昨今、急速な伸びを示すインターネット通販向けの物流現場では、日次数万オーダにも及ぶ出荷処理を行っています。このような通販業においてオーダ分析を実施すると、単行オーダ（1オーダ当たり1行）が全体の50%を占め、残りがオーダ当たり2〜5行の複行オーダといった構成となるケースが多く見られます。このようなオーダ傾向を示した場合は、単行オーダ群と複行オーダ群とで異なるピッキング方式を採用することで、効率的な作業が可能となります。

　具体的には、単行オーダ群については複数オーダ（たとえば50オーダ等）を一括りとした作業バッチを作り、複数オーダをまとめてピッキングした後、商品のJANコードスキャンにより検品を行うと同時に出荷帳票類を出力し、出荷確定する方式を採用します。同様に複行オーダ群についても、複数オーダをまとめてピッ

キングした後、商品のJANコードスキャンをするとオーダ単位に紐づけされた仕分け棚の表示器が点灯し、それに従い商品を種まきする方式をとることで、ピッキング作業の効率化が図れます。

　上記はあくまでも一例であり、出荷方式を選定した後にどのようなマテハン設備やIT機材を適用するかは、各現場の環境条件に照らし合わせて選択されることとなります。

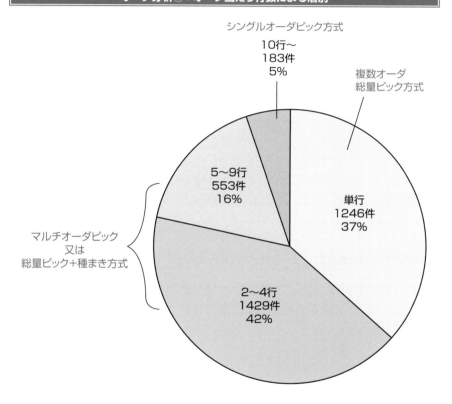

オーダ分析②：オーダ当たり行数による層別

シングルオーダピック方式
10行〜
183件
5%

複数オーダ
総量ピック方式

単行
1246件
37%

5〜9行
553件
16%

マルチオーダピック
又は
総量ピック+種まき方式

2〜4行
1429件
42%

商品ABC分析① 保管方式とロケーション割り付けの検討

各商品を出荷頻度で層別（ABC分析）することにより、適切な保管方式とロケーション割り付けを検討することが可能となります。

▶ ロケーション最適化ツールとしての商品ABC分析

　「どのようなピッキング（出荷）方式を採用すればよいか」といったテーマとともに、ロケーション割り付けや保管方式をといった商品の棚付けに関する課題も、物流改善でよく取り上げられる重要テーマの一つです。この課題に対し、商品ABC分析は多くの示唆を与えてくれます。

　物流現場では、数百～数十万アイテムにも及ぶ商品を取扱います。これら商品はすべて同じ頻度で出荷されることはなく、よく出る商品（Aランク品）と、そうではない商品（BCランク品）とに分別できます。商品ABC分析はこれらの商品の分別を可視化します。また、この商品ABC分析は、在庫適正化を検討する在庫分析にも用いられます。

▶ 商品ABC分析の方法

　具体的な商品ABC分析の手順としては、1か月から1年などの一定期間のオーダデータをもとに、各商品が何回、何行出荷されたかをカウントした後、出荷回数、出荷行数の累計を縦軸に取り、横軸に商品を出荷頻度の高いものから順に配列しグラフ化します。これは、一般的にパレート図やABC曲線等と呼ばれています。

商品ABC分析の進め方（定量分析）

パレート図

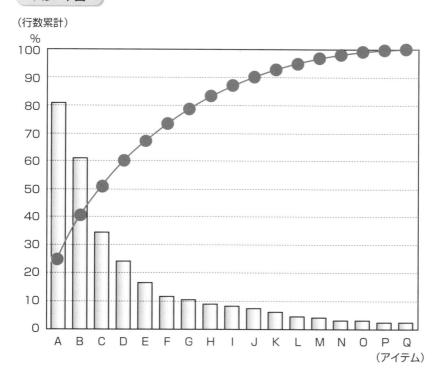

（行数累計）

商品ABC分析を行う上でのポイント

● 作業ボリュームの可視化には出荷行数を、出荷物量の可視化には出荷数量を基データとするのが一般的です。

● 出荷荷姿（ケースやバラ）毎に基データを分け、分析を行う事で、商品の出荷特性を正確に捉える事ができます。

Point40
商品ABC分析② 業種に固有のロケーション割り付け

商品ABC分析は、行っているビジネスの特徴を顕在化させます。これらの特徴を基に、適切な保管方式の選定とロケーション割り付けを行います。

▶ 業務用商品の例

　図Aは、業務用商品を取り扱う事業者の商品ABC分析グラフです。上位約20%の商品（アイテム）で、全出荷回数の80%を占めていることが読み取れます。これは言い換えると、上位20%の商品でピッキング作業ボリュームの80%を占めるということになります。これらAランクに属する商品とそれ以外のBCランク品については、その保管ロケーションや保管方式を分けて管理すべきであることを示唆しています。

　具体的な取組方向としては、Aランク品を入出荷のアクセスがよい場所に配置するとともに、フローラック（傾斜流動棚：主にバラ出荷用として利用）等の大量出荷に適した保管機材を用い、B, CランクについてはAランク品の周辺部（外側）に配置し、保管機材には単位面積当たりの保管アイテム数を稼げる中量棚を適用す

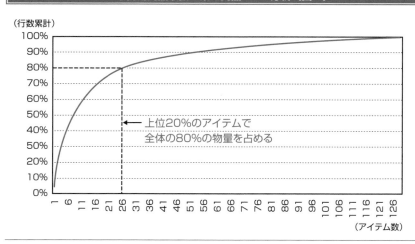

業務用商品取扱い業の商品ABC分析（図A）

（行数累計）

上位20%のアイテムで全体の80%の物量を占める

（アイテム数）

るといったかたちとなります。

　商品ロケーション割り付けの基本的な考え方は、よく出る物を手前に（入出荷の
アクセスがよい場所）置くということになります。

▶ 通販の例

　図Bは、インターネット通販業における商品ABC分析グラフです。図Aと比較し
てグラフ上の曲線が小さく、Aランクと呼べるような商品群がほぼ存在しないこと
が読み取れます。取扱いアイテムが数十万～数百万点と非常に多くの商品を取り
扱う通販業においては、すべての商品が小頻度出荷傾向を示すことも多くありま
す。このような小頻度多アイテム保管における効率化の観点は、少ないスペース
でいかに多くの商品（アイテム）を保管するかということになります。

　この場合には、棚ロケーションと商品を固定とせず、同一棚ロケーションに複数
の商品を保管する**フリーロケーション**方式がよく用いられます。**固定ロケーション**
方式と比較し、面積当たり保管アイテム数は格段に拡大しますが、複数商品が混
在した棚内からのピッキング作業は「宝探し」状態となり、作業効率を損ねる場
合もあります。この「宝探し」解決策の一つとしてピッキング商品を画像表示し作
業を支援するシステムも実用化されており、効果を上げています。

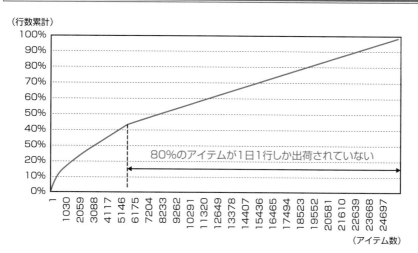

インターネット通販業の商品ABC分析（図B）

（行数累計）

80%のアイテムが1日1行しか出荷されていない

（アイテム数）

Point41
定量分析① ワークサンプリング
分析による改善対象の特定

作業を構成要素に細かく分解して捉えるワークサンプリング分析は、業務改善を進める上での強力なツールです。

▶ 物流現場の実態

物流センターにおける人手不足の悩みは深刻であり、今後ますますマテハン設備やロボット活用による機械化が進むと思われます。しかし、一部大手を除く大多数の物流現場における主役は、未だに「人」であるのが現実です。特にサプライチェーンの川下に位置する流通業の物流現場では、小口バラ出荷への対応に多くの人手を要しており、これら人手による作業の効率化を目的とした改善取組もよく取り上げられるテーマの一つです。

▶ 改善の手が打てる粒度感で作業を捉える

物流現場の声を聞いてみると、「入荷検品が大変だ！」「バラ出荷に人手が掛かってしょうがない！」といった具合で、人手作業における問題箇所は概ね把握できていることが大半であり、「どこが問題なのかわからない」といったような声を聞くことはほとんどありません。それにも関わらず、効率化に向けた改善取組が進まないのはなぜでしょうか？

この理由は、改善すべき対象とその大きさを、改善の手が打てる粒度感で捉えられていないからに他なりません。入荷作業、出荷作業と一言で表現されますが、それらは複数作業の塊です。その塊を構成する作業一つ一つとその大きさを捉えないことには、それらのどこに手を打てばよいのか、また手を打った際のプラスインパクトはどの程度なのかが見積もれず、改善取組が進みません。

このような場合において、ワークサンプリング分析は非常に大きな力を発揮します。

ワークサンプリング分析による改善対象の特定（定量分析）

ただ眺めていても改善対象は特定困難

どこに
問題が？

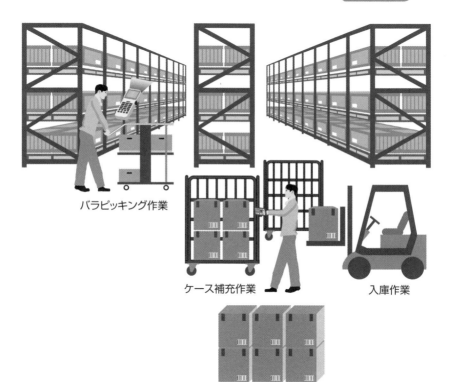

バラピッキング作業

ケース補充作業

入庫作業

物流センターでは様々な作業が行なわれており
眺めていても改善対象を見つけ出すのは困難。

Point42
定量分析②
分析の活用

ワークサンプリング

入荷や出荷といった大きな作業の塊を、それを構成する要素作業に分解、可視化することにより、改善の注力ポイントが明確になります。

▶ 作業を要素作業に分解する

ワークサンプリング分析を行うに当たってはまず、入荷や出荷、仕分けといった作業の塊を、それを構成する要素作業に分解することからスタートします。これは**物流ABC**におけるアクティビティとなります。

①運搬や移動
②仕分け
③仕分け準備
④リスト確認
⑤リスト記入
⑥商品確認
⑦その他

上記のように、仕分け作業といっても、複数の要素作業から構成されていることがわかります。

次に、要素作業のそれぞれが全体（上記例では入荷作業）に占める割合を、実作業の中で要素作業が登場する回数から割り戻して求めます。この結果をグラフ化すると、図Aのようになります。このグラフからは、どの要素作業のボリュームが大きいかが一目でわかり、すなわちそれが、改善取組を進めるべき対象となります。

図Bは、改善施策を実行した場合における、効果インパクトを示したグラフです。実施する打ち手によって、どの要素作業にどれだけの効果が得られるかが一目瞭然であり、この施策を実施すべきか否かの判断に欠かせない示唆を与えてくれます。

ワークサンプリング分析の実際

（A）仕分け作業のワークサンプリング分析

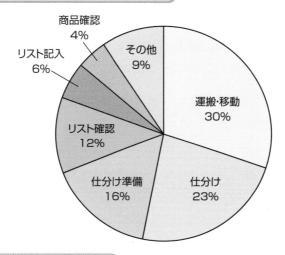

- 商品確認 4%
- リスト記入 6%
- その他 9%
- 運搬・移動 30%
- リスト確認 12%
- 仕分け準備 16%
- 仕分け 23%

（B）改善ポテンシャルの可視化

工数削減ポテンシャル −30%

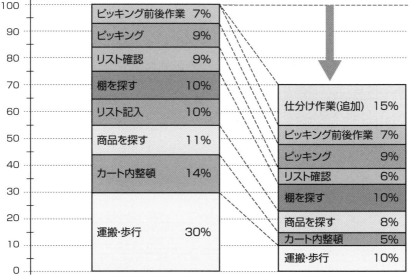

現状
- ピッキング前後作業 7%
- ピッキング 9%
- リスト確認 9%
- 棚を探す 10%
- リスト記入 10%
- 商品を探す 11%
- カート内整頓 14%
- 運搬・歩行 30%

現状値100　現状

改善後
- 仕分け作業(追加) 15%
- ピッキング前後作業 7%
- ピッキング 9%
- リスト確認 6%
- 棚を探す 10%
- 商品を探す 8%
- カート内整頓 5%
- 運搬・歩行 10%

改善後

第3章 業務改善編

99

Point43
物流ABCで改善効果の
基礎データを作成

ワークサンプリングによって取得した作業実績データを物流ABCに活用することによって、改善効果の可視化が可能となります。

▶ 物流ABCとは

活動項目ごとの活動回数とコストから、活動ごとのコスト算出を行うことをABC*と呼びます。物流に特化したABCという意味で**物流ABC**と呼びます。

物流ABCを行う上での注意点として、物流センター内の作業だけではなく、物流センター外でも関連する作業はすべて対象としてカウントする必要があります。基幹システム側の事務作業や営業部門によって実施される商品管理など、物流業務に関連するあらゆる活動が対象となります。

▶ 物流ABCの活用法

物流ABCによるコストの算出方法をここで簡単に紹介しましょう。たとえば、ケースエリアからバラエリアへ時給800円の作業者が「棚補充作業」を1日に1時間行っているとします。棚入れ作業のアイテム数が平均で40アイテム／時の場合、1アイテムあたりの作業費用は20円ということになります。これが1アイテム単位の「棚補充作業」コストになります。

すなわち、物流ABCで洗い出すのはこのような作業単位の「人件費」です。この費用を基に改善によって削減される人件費を算出し、効果試算に使います。上記の例の場合、棚補充作業量を軽減し、1日あたり20アイテムにすると、20アイテム分の作業コスト400円が削減されることになります。

▶ 物流ABCをベースとした改善効果の算出

物流ABCで洗い出された作業項目の費用の集計により改善効果が算出できます。改善効果には運用改善によって削減されるものと、システム化によって削減、

---

*ABC　Activity Based Costing の略。

削除されるものの双方があります。システム化によって削除される作業のコストを集計することで、投資に対する費用対効果を算出することも可能になります。

▶ PDCAを実現する物流ABC

　物流ABCは継続的な改善PDCAにも活用されます。物流センターは変化する市場や顧客要望の変化に対し、WMSにも柔軟に対応していくことが求められます。その際、システム改造のための費用対効果の試算にも物流ABCは活用されます。

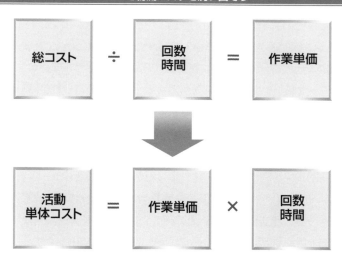

ABCで物流コストを洗い出そう

総コスト ÷ 回数 時間 ＝ 作業単価

活動 単体コスト ＝ 作業単価 × 回数 時間

単価：専門性を排除し、誰でもできる作業にすることで作業単価を低下
回数：作業工程の見直しで作業回数を削減
時間：作業生産性を上げることで、作業時間を短縮

※ **作業生産性**　1人1時間あたりの作業アイテム数、ケース数、ピース数

第3章　業務改善編

Point44
体系化により問題点と課題
（取り組みテーマ）を明らかにする

現場における問題は複数の要因が絡み合っていることが多く、これらを体系化することで問題発生のメカニズムが明らかになります。

▶ あるべき姿（目標）と現状とのギャップ

物流改善ではそのスタート時点で、目的と目標設定を行います。そこで、設定した目標（たとえば庫内生産性の20%向上や受注出荷リードタイム30%短縮等）と、現状業務の実力値との「ギャップ」が問題ということになります。したがって、この「ギャップ」を正しく捉え、それを解消する打ち手が講じられれば、目標は達成されプロジェクトは成功ということになります。

言葉にすれば簡単ですが、実際の現場においては、このギャップ（＝問題）の多くは複数の要因が絡み合って複雑です。現状実態にメスを入れ、これら問題要因の深堀と、関連整理を行うことにより取り組むべき課題を抽出します。

実際には、関係者へのインタビューや**定性分析**と**定量分析**からの読取りをもとに、問題点を一覧に書き溜めます。その後、プロジェクトメンバーが中心となり、問題要因を抽出し、因果関係を整理した上で、根本要因を見つけ出し、その解決に向けた課題（取組テーマ）を設定する手順となります。

体系化により問題点・課題を明らかにする

問題点を一覧表に蓄積する

No.	業務種別	分　類	問題点・課題	起案者
1	物流	ピッキング	安全カードへの記入が手間	○○○
2	物流	付帯作業	製品ラベルがロケーションにあるものと、PC操作にて発行するものがあり、一元化されていない	○○○
3	物流	付帯作業	製品ラベルをPCで発行する際には、PC操作→ラベルセット→切り貼りが必要となり手間	○○○
4	物流	付帯作業	製品ラベル出力場所と作業場所が遠い	○○○
5	物流	付帯作業	作業台の高さが低い(腰を曲げる作業が大変)	○○○
6	物流	ピッキング	出庫要請票の短冊切りが手間	○○○
7	物流	梱包	出庫要請票、製造指示書、製品を3点セットで出庫について、突合せが手間	○○○
8	物流	梱包	出庫要請票、製造指示書、製品を3点セットで出庫について、目視確認が手間	○○○
9	物流	梱包	梱包・結束後の手戻りへの対応が面倒(開梱・追加・再梱包(結束テープ貼付＋結束バンド))→出荷確定まで封滅しない	○○○
10	物流	梱包	手戻り箱を探すのに手間取っている	○○○
11	物流	梱包	出荷確定までの一時置場の作業性が悪い	○○○
12	物流	梱包	梱包作業スペース〜方面別仕分までの動線及び、梱包済箱の置場管理に改善の余地がありそう	○○○
13	物流	ピッキング	ピッキング時、残数チェックが手間	○○○
14	物流	入庫	安全カードに、棚番が無いため格納が手間	○○○
15	物流	梱包	90％が軽量品であるため、バンド不要と考察	○○○
16	物流	出荷	段ボールへの出荷先手書きが手間	○○○
17	物流	出荷	上記同様　内容物製品ラベル作成・管理が大変→オンデマンドにできないか	○○○
18	物流	出荷	最終個口数をノートに記入するのが手間	○○○
19	物流	出荷	ピッキングに使用した出庫要請票と、未納状況一覧表の目視突合せが手間	○○○
20	物流	出荷	出庫要請票が紛失した場合には手書き伝票を作成して出荷する運用である事が品質的に不安	○○○

第3章　業務改善編

▶ 問題の体系化と取組課題の設定（ツリー図）

　右図は「出荷の遅延」という問題について、その要因を深堀、可視化するために ツリー図を用いて要因を体系化したものです。これによりプロジェクトメンバーのみならず他の利害関係者から見ても問題の構造がわかりやすいものとなり、その解決に向けた協力合意を得る上で効果的です。

　ツリー図の作成にあたっては問題を深堀し、その根っこにある根本要因を突き止めるために「なぜ？　なぜ？」を繰り返し、左から右に向かって「**問題点**」⇒「**要因**」の順で記述して行きます。この結果、右端に根本要因が抽出され問題解決に向けての取組の方向性（**課題**）が明らかになります。

▶ 体系化を行う際の注意点

①要因を漏れなく洗い出すこと

　問題を構成する要因の洗出しに不足があった場合、それに対する打ち手が講じられず、問題解決（目標達成）に至りません。

②問題点と要因の関連性が正しいこと

　ツリー図の右端に配置された根本要因に対し、それを解決する打ち手を講じることで、一番左端にある問題点が連鎖的に解決される必要があります。しかしながら、「**問題点**」⇒「**要因**」の関係に誤りがあると、講じた打ち手が左端まで効かず、結果として問題解決に至りません。

　プロジェクトリーダーは、上記①と②であげた不具合の発生を常に念頭に置き、問題点の体系化と取組むべき課題の設定を行うよう心がけます。

構造化により問題点を明らかにする

問題の構造化

問題（現象）	要因①	要因②	根本要因	課題（取組テーマ）
出荷が遅れる	出荷作業に時間が掛かる → 入庫～ピッキング・出荷に時間が掛かる	スルー出荷が出来ない	現行運用にシステムが適合しきれなくなっている	業務に適合しスピーディに入出庫作業を行える物流システム作り
		1オーダ毎のピッキングしか出来ない		
	ピッキング作業指示・帳票発行に時間が掛かる	帳票発行スピードが遅い		
		送り先変更・納品先時間変更を際限なく受け付けている	納品条件変更に関する取決めが無い	営業を巻き込んだ顧客への納品条件の取決め
	当日出荷品を探すのに時間が掛かる → 当日出荷品の目印がない	当日出荷プレート付けのルールが曖昧になっている	出荷作業ルールが守られない	出荷作業ルールを周知・徹底する方法の取決め
		当日出荷プレートを紛失している	当日出荷プレートが落下・紛失しやすい形状である	落下・紛失を防ぐ当日出荷プレートの仕様・取付方法の見直し
	当日出荷品の有無を見落とす	所定の場所に当日出荷品が置かれていない	所定の場所に当日出荷品以外のものが置かれている	当日出荷品の存在を、作業者に知らしめる仕組み作り
		在庫品の影に隠れて当日出荷品が見えない		

第3章 業務改善編

Point45
ブレーンストーミングからの改善アプローチ

現場担当者により、自らの力で課題解決能力を高め、現場力を高める手法の一つとして、ブレーンストーミングを活用した改善活動があります。「なぜなぜ」によって原因を追究し改善を行う一連のメソッドをご紹介します。

▶ ブレーンストーミングの活用

現場で何が問題で、どんな課題に取り組むべきかを見つけ出す方法として**ブレーンストーミング**が有効と言われています。個別の問題は、当人だけには見えても他の担当者には見えないことが多々あります。そのため、関係者全員での検討会が必要となります。

また、問題が無いと思われる場合には、QCDS：Q＝コストは妥当か、C＝品質に問題がないか、D＝顧客へのサービスレベルは適切か、S＝安全性は担保されているか、などの観点で問題意識を持つことも必要となります。

▶ 本当の原因を突き止める「なぜなぜ」

業務に対する「慣れ」や従前の慣習などから、「当たり前だ」と思うことで、問題の本質に気が付かなくなってしまうこともあります。そのため、問題解決するために固定観念を捨てて、本当の原因（真因）を突き詰める「**なぜなぜ**」を繰り返すことで真因にたどり着くこともあります。

この「なぜなぜ」を実施するにあたっては、ブレーンストーミングなどのフリーディスカッションで意見を自由に出しあい、**特性要因図**を作成し、問題を見える化します。

▶ ECRSの視点での「なぜなぜ」

改善を行う際に、役に立つものが「**ECRS**」の視点です。問題に対する打ち手を考える際に、発想の転換方法としても活用できます。

①排除（Eliminate）

不要な業務・プロセスを取り除くこと。

例）WMSでリアルタイムの在庫管理を行い、手書きの在庫票運用をやめる。

②結合（Combine）

重複する業務・プロセスを統合し、効果的な方法にまとめること。

例）ピッキング時検品と出荷時検品の二重で行っている検品を、ピッキング時の検品のみに統合。そのフロー変更により、送り状や納品書の発行方法やタイミングなどを変更する。

③組み換え（Rearrange）

業務フローや、物の配置を変えて再構築すること。

例）出荷前に出力していた納品書を、出荷検品と同時に出力する方式に変更。

④簡素化（Simplify）

複雑な業務・プロセスや作業内容を単純化し、システム化などで業務を変えること。

例）受注業務をデータ化し、出荷指示書を廃止して、作業端末で作業管理を行う。

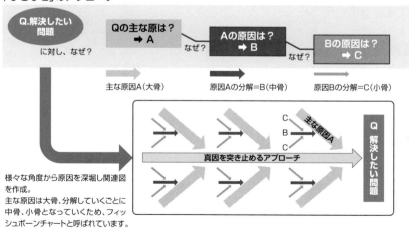

「なぜなぜ」のアプローチ

様々な角度から原因を深堀し関連図を作成。
主な原因は大骨、分解していくごとに中骨、小骨となっていくため、フィッシュボーンチャートと呼ばれています。

「ECRS」のアプローチ

「ECRS」のアプローチ
E→C→R→Sの順番で改善策を実行することで、より大きな改善の効果が得やすくなります。
また、この改善アプローチは「N:無くす・H:減らす・K:変える」に言い換えることもできます。

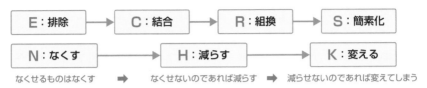

| E：排除 | → | C：結合 | → | R：組換 | → | S：簡素化 |

| N：なくす | → | H：減らす | → | K：変える |

なくせるものはなくす　➡　なくせないのであれば減らす　➡　減らせないのであれば変えてしまう

▶ 解決手段の選択

　問題の本質が明らかになったとしても、それをどうやって解決するの考えられる
パターンを洗い出します。大きな分類としては、大きく3つのアプローチがあります。

> ①**業務改善による課題解決**：業務フローの変更や簡素化、マニュアルの整備による作業の標準化などシステムや機械の投資をせずに改善を行う。
>
> ②**システム化による課題解決**：AutoIDシステムや、WMS、EDIなどシステム導入により改善を行う。
>
> ③**自動化による課題解決**：ロボットや自動倉庫などの高度な機械化により課題解決する。

▶ 投資を伴う改善の費用回収期間

　投資を伴う改善に関しては、無駄な過大投資とならないために、かかる費用がどれくらいの期間で回収できるのかを試算します。

　例えば、検品システムの導入により出荷精度が上がり、出荷後に行っている在庫調査や棚卸の作業時間を削減する場合、下記のような計算方法で回収期間を算出します。

- **システム構築費用**

　ハードウエア 500 万円、システム費用 500 万円
　初期費用合計 1.000 万円／年間保守費用 100 万円

- **棚卸にかかっている人件費**

  1日3名で1時間　時給1,500円とした場合　1日4,500円

  削減額　月間（22日）99,000円　年間　1,188,000円（約1,200万円）

- **回収にかかる期間**

  削減額から保守料を引いた金額で、初期費用を割る

  初期費用1,000万円÷（削減額1,200万円 - 保守料100万円）

  ＝0.9年（1年未満）で回収

このケースで、例えば、荷主との契約期間が残り2年の場合、投資を行っても契約期間内で回収が可能なため、コスト的なリスクが小さく、投資メリットが大きいと言えます。

▶ 4象限分類による優先順位の決定

このように、改善に伴って発生する効果を想定し、より効果の高い改善策を取り入れることが望ましいのですが、効果は高くても回収期間が長すぎたり、取り組むための制約条件が多く、難易度が高すぎたりといったこともあります。そのような制約がある中で、どの施策を優先的の実行するべきかを判断する際の道具として**4象限分類**があります。

4象限分類は、1つの評価項目だけでなく、2つの項目を組み合わせて複合的に評価を行うことで、より現実的な対策を選択するためのツールとなります。

Point46
改善のための
運用フローの組み立て

責任者でなくても誰でも同じ品質で効率よくムラのない作業を行うためには、物流センター全体の作業体系を標準化することが必要です。そして、標準化された作業体系に基づいた運用フローを作成します。

▶ 業務プロセス改善、運用フロー改善と作業の標準化・効率化

業務プロセス改善、運用フロー改善、作業の標準化と、作業の効率化の関係は、いわば「手段」と「目的」として例えることができます。つまり、作業の効率化のために、業務プロセスを見直し、運用フローを改善し、作業の標準化を行います。

この作業の標準化は、現場主義に基づき、各現場および作業単位ごとに最も効率的な手順をお手本としてマニュアル化し、作業者教育を行い定着化させます。現場主義に基づかない全国一律の標準化は逆に非効率となることもあります。

▶ 作業の標準化・効率化の着眼点

迷わない、探さない、歩かないを基本理念とした標準化を行います。

①専門性を排除し、誰にでもできる作業にする

- 作業指示はすべてロケーションと数量のみで指示
- バーコードなどのAutoIDの活用でミスを防ぐ

②判断が必要な作業を排除する

判断が必要な作業では、考える時間「待ち時間」が発生し、作業が滞る可能性があるため、現場では作業者の判断を必要とする要因をすべて排除します。

- 出庫指示が出されたロケーションに商品が無い場合、入荷待ち出荷として保留するのか、それとも欠品にしてよいのか否か
- 入荷予定データのない商品が入荷した場合、入荷受付可能か否か
- 返品予定のない商品が返ってきた場合、返品受付可能か否か
- 保留品に対する廃棄処分が可能か否か

● 空いた時間は何をすればよいのか

▶ 運用フロー作成のポイント

①出荷時間を最優先とする

　1日の作業フローは、出荷作業を中心に組み立てます。出荷作業の効率化を阻害するする要因はすべて排除しなければなりません。たとえば「商品を探す」ことは作業生産性を下げる要因になりますので、出荷作業までに入荷と入庫が完了し、出荷すべき商品を揃えておく必要があります。入荷待ちが常に発生する場合は、仕入先に対して入荷時間を早めてもらう交渉をすることも必要です。

②重複作業を排除する

　各ゾーンでピッキング検品を行ったにもかかわらず、最後の荷合わせ場で梱包を入れ替える際に再度検品を行うような重複した作業を排除し、1回だけの検品で済ませることのできる運用フローにします。

③ボトルネックやクリティカルパスを無くす

　業務フローの流れに工程の数、いわゆる**クリティカルパス**が多いほど、作業を詰まらせる原因となる**ボトルネック**を増やすことになります。作業完了までの工程は可能な限り少なく、また、作業の主体に付随する作業は無くすことが作業の効率化につながります。

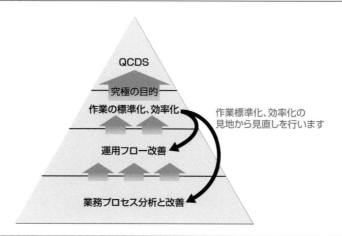

標準化、効率化と運用フロー改善との関係

QCDS

究極の目的

作業の標準化、効率化

作業標準化、効率化の
見地から見直しを行います

運用フロー改善

業務プロセス分析と改善

第3章　業務改善編

改善に使えるツール「QC7つ道具」

QC7つ道具は、課題分析・作業実績の分析・商品分析などの結果をグラフ化し、問題の所在を分かりやすくする「見える化」ツールです。

グラフ化で直感的に問題の所在を把握することができ、改善施策を作るための基礎資料となります。

①グラフ

データの全容がひと目で分かるようにデータを図表にしたもので棒グラフ、円グラフ、折れ線グラフなどがあります。クレーム件数、誤出荷件数など現場の問題点の多くは、グラフ化することで視覚的・直感的に把握しやすくなります。

- **折れ線グラフ**：変動を見る
- **棒グラフ**：数量などを比較する
- **円グラフ**：比率を見る
- **帯グラフ**：比率を比較する
- **レーダーチャート**：バランスを見る

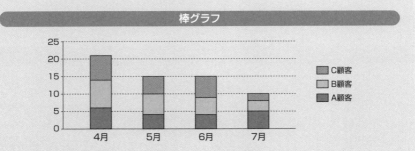

棒グラフ

②パレート図

パレート図は、数値が大きい方から並べた棒グラフと、累積構成比を示す折れ線グラフを表した図です。

全体の中で大きな比率を占めるものが何かを明確にすることで、大きな要因に絞って重点的に改善策を実施し、クレーム、品質、在庫問題など複数の要素が絡む問題の見える化ができ、効率的な課題解決につなげていくことができます。

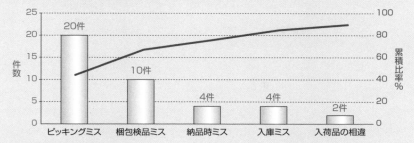

パレート図の例

計40件のミスの内訳と割合（累積）を表現。

③特性要因図

　特性要因図は、特性要因図は、ある事象を引き起こす要因を階層構造で示したものです。特性（結果）に影響する要因を書き出し、さらにそれぞれに関連する要因を書き出して整理していきます。図の形が魚の骨に似ていることから、フィッシュボーンチャートとも呼ばれます。

　特性要因図の作成によって、どの要因が特性（結果）に大きな影響を与えているのか、因果関係を整理し、原因の仮説を立てやすくします。問題の真の原因が判明すれば、効果的な対策が取りやすくなります。

　Point45の「なぜなぜ」でも活用されますので参照してください。

④チェックシート

　チェックシートは設定した項目ごとに、点検や記録を行っていく管理表です。決まった形式は無く、点検や記録用などの用途・目的に沿ってチェック項目を設定します。

- **点検用チェックシート**：作業項目の抜け・漏れをなくし、事故を予防し、安全を維持するために活用します。特に、**ヒヤリハット**（事故までには至らなかったが、ヒヤッとする、ハッとするという出来事）は事故の予備軍としてチェックシートを活用して発見します。
- **記録用チェックシート**：問題解決において必要となるデータ収集が主な目的です。収集されたデータはパレート図を作成するなど分析に用いるため、項目や集計方法などは、後のデータ活用を念頭に置いて、リストを設計します。

ハインリッヒの法則は、1件の重大事故が起こると、その背景には29件の軽微な事故があり、さらに300件のヒヤリハットがあるという法則。
ヒヤリハットの段階で、問題を顕在化し、カイゼンを行うことで、重大な事故を防止することにつながります。

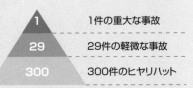

1 — 1件の重大な事故

29 — 29件の軽微な事故

300 — 300件のヒヤリハット

⑤管理図

管理図は品質や工程の進捗のバラつきの変化を折れ線グラフで表現します。品質の特性の平均値を中心線として引き（CL）、その上下に公差を示す上方管理限界線（UCL）と下方管理限界線（LCL）を配置します。

上限値と下限値の範囲を正常値、範囲から外れた場合を異常値として、原因の究明を図る対象とし、対策を講じます。

管理図

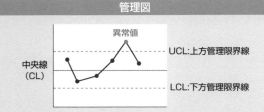

異常値

中央線 (CL)

UCL:上方管理限界線

LCL:下方管理限界線

⑥散布図

散布図は2つの項目をそれぞれX軸・Y軸にとり、データを点の集合で表し、2つの項目の間にはどんな相関関係があるのか、あるいは関係がないのかを見える化するグラフです。

散布図の点の相関関係は主に3パターンがあります。

- **右上がりの相関**：正の相関。横軸の数値が増加していくにつれて、縦軸も増加していく。
- **右下がりの相関**：負の相関。横軸の数値が増加していくと、縦軸は減少していく。
- **無相関**：縦軸と横軸の数値の増減に法則性がなく、2つの項目の相関関係が見い出せない。

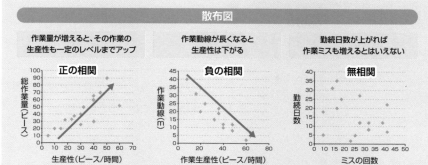

作業量が増えると、その作業の
生産性も一定のレベルまでアップ

正の相関

作業動線が長くなると
生産性は下がる

負の相関

勤続日数が上がれば
作業ミスも増えるとはいえない

無相関

⑦ヒストグラム

　ヒストグラムは、データを一定ごとの範囲に区切り、区分ごとの数値を棒グラフで表したもので、「度数分布図」とも呼ばれます。データの分布状況やバラつき、ピーク値、ばらつきなどを把握することができ、品質や工程上の問題点などを推定するのに役立ちます。

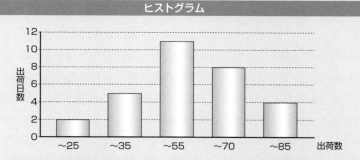

ヒストグラム

1日に35～55個出荷する日が一番多いということがわかりますね!

Point47
ボトルネックと
クリティカルパス

効率化のポイントとして「ボトルネック」「クリティカルパス」を可能な限り無くすことがあります。システム化でどのように実現すればよいのでしょうか。

▶ ボトルネックを無くす・減らす

ボトルネックとは、作業全体の中で最も作業生産性の低い作業、あるいは他の作業の進捗を阻害する作業です。作業全体の効率化のためには、ボトルネックとなる作業そのものを効率化するか無くすことが必要です。

①ピッキングのボトルネック

ピッキング作業は一般的に物流センターの中で最も工数のかかる作業であるため、この作業の効率化を阻害する要因を排除することが最も重要となります。

たとえば、ピッキング時の「商品を探す」作業は効率化を阻害する要因ですので、出荷作業開始までに入荷や入庫を完了し、出荷数量分を揃えておく必要があります。また、ピッキング時の長い動線は作業生産性を落とす要因となりますので、商品の出荷分析をタイムリーに行い適正なロケーション配置することも必要です。

②出荷作業の全体進捗を阻害するボトルネック

ピッキング後の検品や梱包の進捗が出荷全体のボトルネックとなることがあります。ピッキングの生産性がいくら高くとも、梱包作業の生産性が低い場合は、結果として出荷口が詰まってしまいます。その場合、梱包の作業生産性を上げるか、ピッキングの作業人員を梱包にシフトする、などの対策が必要となります。また、梱包の作業生産性を上げるために、自動梱包機やオートラベラーやちらし自動挿入機などのマテハン機器を活用することも有効な手段となります。

▶ クリティカルパスを無くす・減らす

作業フローの中に必ず通過しなければならない工程、つまり**クリティカルパス**が多いほど、全体の作業フローを詰まらせる要因となります。入荷から出荷までの間

の工程すべてにおいて可能な限りクリティカルパスを少なくします。

　たとえば、「商品すべてにバーコードを貼る必要が無いにも関わらず、入庫前にバーコードを貼る」「全品を検品する必要が無いのに、入荷検品時に必ず検品を行う」などは、作業フローを遅らせる要因となります。そのため、こうした工程は削減できるかどうかを検討する必要があります。

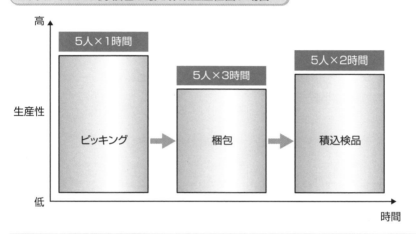

システム化でボトルネックを無くす・減らす・変える

ボトルネックの例:梱包が最も作業生産性低い場合

高

5人×1時間

5人×3時間

5人×2時間

生産性

ピッキング　→　梱包　→　積込検品

低

時間

作業生産性が最も遅い「梱包」に引きずられ作業の全体進捗が遅れる。(梱包で詰まる)

対策例

N　無くす：　梱包という工程そのものを無くす。
　　　　　　例)容積計算を行い先に段ボールを選択し、そのまま段ボールに
　　　　　　ピッキング投入する。

H　減らす：　梱包作業を減らす。
　　　　　　例)段ボールの組み立てをワンタッチで出来る素材する、
　　　　　　ガムテープ止めを2本止めから1本止めに減らす、など。

K　変える：　作業方法を変える。
　　　　　　例)梱包マシンを使い生産性を上げる。

Point48
ピッキングにおける部分最適と全体最適のバランス

業務改善においては、最も作業ボリュームが大きい業務であるピッキングの効率化を進めることが中心となりがちですが、このピッキングを効率化するために、かえって前工程や後工程など他のオペレーションが増えてしまうこともあります。改善は、倉庫内のオペレーション全体で最適となることが必要です。

▶ 歩行距離を短くするための施策

ピッキングエリア内を歩く距離を小さくする改善策としては、一人の作業者が1回の作業内で歩く距離を短くし、一つのエリア内の回転率を上げることが上げられます。

そのための施策と良い効果として下記の事例をご紹介します。

①**ダブルトランザクション運用**：ストックエリアとピッキングエリアを分ける運用で、ピッキングエリアを狭くする。

②**ピッキング方式**：オーダー特性によりピッキング方式を変えて、一人で完結できる歩行距離を短くする。例えば、ピッキング件数の多いオーダーは、オーダー単位でのピッキングを行うが、件数が少ないオーダーは一つのピッキングルートにまとめてトータルピッキングを行って仕分けを行うか、あるいはマルチピッキング方式を取ることで、1回の歩行で複数のオーダーをピッキングし歩行距離を短縮する。

③**ロボットによる自動化**：ピッキング作業そのものを自動化しロボットによるピッキングに置き換える。

これらの施策は、ピッキング業務単体では効率化・省人化が可能となりますが、かえって前後の作業量が増えてしまうことも考えられます。特にダブルトランザクション運用では、ストックエリアからピッキングエリアへの補充業務が過大となれ

ば、かえって作業性を阻害することになります。補充頻度が多ければ補充のためのピッキング業務が膨らみ、補充待ちのためにピッキング業務を中断するリスクも発生します。ピッキングエリアの間口が小さすぎると補充頻度が増えますので、1日何回までの補充で終わらせることができるのか分析を行い、間口の広さの適正化を行います。

▶ ピッキング後工程の効率化

　ピッキングをいかに早く完了しても、その後に続く出荷検品や梱包作業、仕分け作業、送り状や納品書などの添付作業などが連携してスムーズに流れることが必要です。後継作業で詰まってしまえば、それらがボトルネック業務となってしまうことになります。

　これら全体を考慮した効率的な運用フローやシステムの構築が必要となります。

　①ピッキング工程と検品工程を一体化する
　　例）ピッキング時に検品を行い、後工程での検品工程を無くす
　②梱包作業を一体化する
　　例）ピッキング時に梱包を完了する
　③納品書の出力タイミングを変える・無くす
　　例）納品書と送り状ラベルを一体化する
　④送り状などのラベルを無くす・減らす
　　例）ピッキング指示と送り状を一体化する

　これらのフロー変更時には、ロボットなどでの自動化も併せて検討を行います。

Point49
標準化のための
運用マニュアル作成

運用マニュアル作成のポイントは、作業やルールの目的と意義を明確にすることにあります。一旦、運用マニュアルを整備した後でも、経年による作業生産性の低下や取引先条件の変更などに対応するために、タイムリーに見直す必要があります。

▶ 運用マニュアルとは

関連部署および取引先も含めた作業ルールについての取り決めをまとめたものです。部署ごとに時系列の作業内容を記した運用フローと、その作業の目的と意義を記載します。

▶ 運用マニュアルの目的と意義を明記

運用マニュアルが誰にでもわかるように作られていなかったり、その運用の意味を理解できないものであると、運用ルールの徹底がおろそかになったり、指導が周知されなかったりなどで、生産性や品質の低下を招くことになります。

「なぜ、その作業が必要なのか」「なぜ、その運用ルールが決められたのか」を明確に記述し、たとえ責任者や担当者が代わっても作業の意味を理解できるようにすることが大切です。

▶ 取引先の状況変化

物量が徐々に増える、イレギュラーがレギュラー作業に定着化する、など条件が少しずつ変化していると、気が付かないうちに作業効率が落ちていることがあります。WMSから出される個人別の作業生産性の指標などKPIで客観的な数値で管理を行い、変化に対する改善を行います。改善を行った際には適時、運用マニュアルも見直していきます。

● 日報の作成

　運用マニュアルに沿った日報を作成し、問題が発生した時点で内容を残すことで、どのような時にどのような問題が発生したかが明確になり、運用フローの見直しにも有効に活用できます。改善を見える化することで、**改善PDCA**の一環ともなります。

日報の例

担当者名　山田太郎　　○○物流センター

エリア	作業内容	作業番号	開始時間	終了時間	(分)	個数	単位	備考
N	入荷検品	123	9:00	11:00	120	30	ケース	
	手待ち・待機		11:00	11:15	15			
N	入荷検品	124	11:15	12:15	60	15	ケース	
	休憩		12:15	13:00	45			
A	トータルピッキング	125	13:00	13:30	30	10	ケース	
B	仕分け準備・梱包資材組立	126	13:30	13:40	10	5	ケース	
B	仕分け・梱包	127	13:40	13:55	15	100	ピース	
	手待ち・待機		13:55	14:00	5			
A	トータルピッキング	128	14:00	14:30	30	15	ケース	
B	仕分け準備・梱包資材組立	129	14:30	14:40	10	5	ケース	
B	仕分け・梱包	130	14:40	14:55	15	150	ピース	
	手待ち・待機		14:55	15:00	5			
C	出荷検品	131	15:00	16:00	60	5	ケース	
	休憩		16:00	16:15	15			
C	出荷検品	132	16:15	17:00	45	5	ケース	
	手待ち・待機		17:00	17:15	15			
A	循環棚卸	133	17:15	18:00	45			
時間	業務時間合計				540			
	作業時間合計				440	81%		
	手待ち・待機合計				40	7%		
生産性	トータルピッキング生産性				25	ケース/1時間		
	仕分け・梱包生産性				500	ピース/1時間		

Point50
手待ち時間と歩行時間の削減

全作業時間のうち、その90%が手待ち時間と歩行時間によって占められていることをご存知でしょうか。実作業時間として見なすことのできないこれらのロスは、改善による効率化の対象となります。

▶ 手待ち時間

物流センター内での作業において、実際に商品を扱って入出荷作業を行っている時間に対し、実作業を行っていない待ち時間を**手待ち時間**と呼びます。このムダな手待ち時間を削減することによって作業時間全体の短縮化を図ります。

手待ち時間だけを抜き出してカウントすることは難しく、正確にはとらえにくい時間ですので、ハンディターミナルなどの作業端末で実作業を計測している場合は、全就業時間から実作業時間を差し引いた時間を手待ち時間とみなして集計を行うこともあります。以下は、手待ち時間を発生させる例です。

①運用の問題で発生する手待ち時間

人員配置が不適切、作業場所が狭い、ロケーション配置が悪い、など

②システムの問題で発生する手待ち時間

受注締め時間の遅延やリストの印刷に時間がかかる、など

▶ 歩行距離に比例して長くなる歩行時間

休憩時間などを省き、作業と作業の間の移動時間と作業中に歩く時間の合計が歩行時間です。実は、作業時間の大半はこの**歩行時間**なのです。そのため、歩行時間の長さで作業生産性を左右すると言っても過言ではありません。たとえば、3アイテムのピッキングを行うのに、あるエリアでは10m歩くところを他のエリアでは5mで完了する場合、後者の生産性は前者の2倍になると考えます。

①エリア間の歩行距離

ピッキング作業では、1つの作業の中で、一人の担当者がAエリア、Bエリアな

ど複数のエリアをまたいで作業を行うと歩行距離が長くなり生産性を落とす要因になります。一人の作業は基本的には1つのエリア内で完結するが望ましいと言えます。そのため、エリアごとに担当者を分ける、ピッキング指示データを分ける、などで歩行距離を短くします。同様に入荷の場合は、入荷エリアで作業をする入荷検品担当者と、保管エリアで作業をする入庫担当者を分けて流れ作業にします。

②エリア内の歩行距離

　ピッキング作業の場合、出荷頻度の高い商品を近い場所に集めることで歩行距離は短くなります。そのため、出荷頻度分析を行い、特定のエリアにAランクの商品を固めることで作業生産性を上げることが可能になります。ただし、同じ通路に高頻度商品がかたまり過ぎると、渋滞を招き、逆に生産性を低下させる結果にもなりますので、エリア内である程度の散らばりを持たせることも必要です。

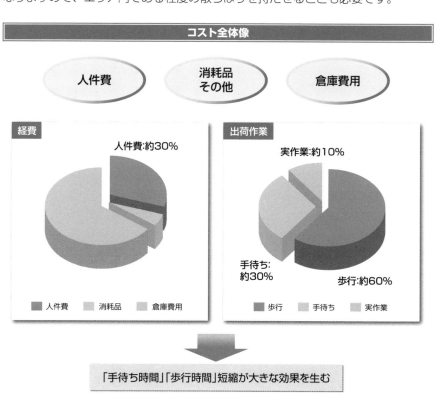

コスト全体像

人件費　消耗品その他　倉庫費用

経費
人件費:約30%
■ 人件費　■ 消耗品　■ 倉庫費用

出荷作業
実作業:約10%
手待ち:約30%
歩行:約60%
■ 歩行　■ 手待ち　■ 実作業

「手待ち時間」「歩行時間」短縮が大きな効果を生む

Point51
出庫、出荷作業動線の改善

庫内作業で最も歩行距離の長い出庫や出荷の作業動線の長さは、ダイレクトに作業生産性に影響しますので、動線の長さをいかに短くするかが効率化のポイントになります。ここでは、動線の短縮化のための改善法を中心に解説します。

▶ 出庫、出荷動線

作業頻度の高い出庫・出荷作業は、結果として最も移動距離が長くなるため、この作業動線が最も短くなるようにロケーションを設定する必要があります。また、出庫、出荷作業には補充とピッキングいう2つの作業が含まれますので、補充とピッキング動線の双方を合計して最短になるように作業エリアを設計します。

①ストックエリアとピッキングエリアを分けた運用

- **メリット**：ピッキングエリアを小さい範囲で絞り、この範囲内だけでピッキング作業を完了させることで作業を効率化します。
- **デメリット**：ストックエリアからピッキングエリアへの補充作業が必要となり、その分、作業工数が増えます。また、補充完了のタイミングで商品への出荷指示をかけるなど運用とシステム双方での考慮が必要です。

②ストックエリアとピッキングエリアを分けない運用

- **メリット**：補充作業が不要になります。
- **デメリット**：ピッキング作業時に広範囲なエリアを歩行することになり、ピッキング動線が長くなることも考えられます。そのため、出荷頻度分析を行い、高頻度商品を集約するなど商品の棚配置を工夫することが必要となります。

▶ 荷合わせ場までの動線

ピッキングエリアから荷合わせエリアまでの動線では、効率化と安全の面から、入荷、入庫、補充などの他の動線と交差することなく、一筆書きで完了する短い動線となることが望まれます。出荷量や倉庫の構造によっては、この部分にソー

ターやリフトなどの搬送機器を活用する場合もあります。

▶ 入荷・入庫・仮置きエリア

　出庫・出荷の効率化を優先課題としたセンター構造によっては、入荷場から保管場所までの距離が長い場合が多々あります。そのため、中間的な保管場所としての仮置きエリアにロケーション在庫計上を行い、直接、このエリアに出荷指示をかけることで庫内作業の効率化を図る方法もあります。

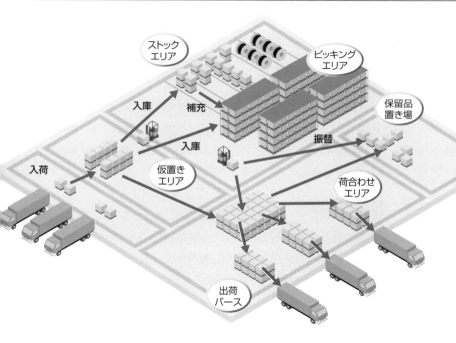

入荷から出荷までの動線

　自社の物流センターの鳥瞰図を描き、そこに入荷から出荷までの動線を記入してみましょう。作業動線をあらためて見直すことで、より効率的な作業体系と動線の短縮化が見えてきます。

Point52
適正在庫の考え方

在庫は会社の財産ですが、極端な過不足などその在庫状況によっては、"罪産"にもなってしまいます。在庫を適正に保つことは企業にとって重要な意味を持つものです。拠点在庫の最適化や在庫圧縮の必要性について解説します。

▶ コスト削減にとって大きな影響を持つ在庫適正化

拠点ごとに最適な在庫数が保管されていれば欠品が防止でき、チャンスロスを削減できます。納品率が上がることで、クレーム対応や伝票再発行を無くすことにもつながります。

また、過剰在庫が抑制されれば、キャッシュフローが改善されるだけでなく、物流コストの削減も可能になります。この削減コストの対象は、保管コスト、作業コストなど物流センター全体の作業にわたります。物流センター内での在庫適正化は、企業経営の健全化をも意味するのです。

▶ 拠点在庫の最適化とは

このような最適な在庫数とは、過剰でもなく欠品も出ない適正な数量を指します。拠点によって在庫が偏在したり、最終出荷地から遠い拠点に保管している場合などは、欠品を防ぐために緊急出荷や横持物流費などの輸配送のムダが発生している可能性があります。そのため、在庫の最適化は拠点ごとに行います。

また、拠点をどこに置くか、在庫量をどこにどれだけ持つかによって物流費のコストは大きく変わるため、在庫の最適化を行う前に、拠点の配置を見直す必要がある場合もあります。

▶ 見直される発注権限

在庫管理責任において適正在庫とは「在庫数量」の責任を示します。今までは、多くの企業が営業部門やマーケティング部門の販売計画を基に、生産計画や調達

計画、購買計画を立て、発注も行っていたのですが、SCMの考え方の浸透と、物流センターでの在庫適正化の重要性の認識から、次第にセンターごとに在庫適正化のための発注計画を立てる企業が増えてきています。

「物流センター単位での適正在庫」の積み重ねが、全社的な在庫の最適化をもたらす結果となるからです。これは、元々卸売業では当然の考え方であったものが、メーカーや小売業のセンター運営にも浸透してきたものともいえます。

在庫圧縮がもたらすものはキャッシュフロー改善だけではない

維持費　保管費　作業費　　　　在庫数

経費

在庫が増えると保管費・作業費・その他維持費も膨れる

Point53
保管形態、梱包資材の見直し

保管形態や梱包資材についても、定期的な見直しを行うことで、物流センターでの改善につなげることができます。運用フローの変更も伴う場合があるため、WMS構築時に同時に行うことも必要となります。

▶ 保管形態の見直し

ケース出荷、パレット出荷、カゴ車出荷など、入荷後の保管形態や出荷形態の見直しも庫内作業の効率化に大きく影響し、改善の対象となります。

①入荷形態と棚の保管形態の関係

一般的な物流センターでは、入荷後にパレットからケースへ、あるいはケースから保管ケースへバラすといった積み直しを行うことが多くあります。しかし、これらの積み替えを無くし、入荷時の荷姿のまま保管から出荷まで行うことにより工数を削減することが可能になることがあります。たとえば、パレットで入荷し、パレットのまま入庫保管するといった流れで管理できることが理想です。

②棚での保管形態と出荷時の荷姿の関係

保管形態から出荷梱包への積み替えにおいても、ケース開梱をできるだけ行わない、積み替えをできるだけ行わない、といった工夫が必要です。たとえば、ケース出荷が中心で、バラ出荷が少量である場合は、出荷エリアではケース保管を基本とし、バラ出荷用には1ケースだけ開梱するという運用を取ることでケース開梱の工数を減らします。

▶ 梱包資材の見直し

現在では**オリコン**など「通い箱」での出荷が一般的になりましたが、まだ、取引先の条件や段ボールの再利用、宅配便専用の段ボールを使用するケースも少なくありません。梱包資材に関してもコストと効率化の観点から見直すことも必要となります。

①出荷作業の効率性

　梱包サイズのパターンを減らす、段ボールの詰替作業を無くす、など梱包作業そのものの見直しを検討することも作業効率化のために必要です。

②荷積作業の効率化

　梱包サイズがまちまちであると、トラックの積み込みに熟練を要するだけでなく、積載効率を落とす要因ともなります。オリコンなど統一された規格サイズの梱包資材を使うことで、積載作業の容易化と配送の効率化が実現できます。

積載効率を高めて輸配送コストを削減

トラックに入りきれない!!

形がバラバラだと
積載率は悪くなります

隙間無く詰めれば、全部入ります

トラックと梱包の
大きさの規格化で
効率の良い積載が
可能になります

Point54
リードタイム短縮化への対応

取引先から納品時間を早めてもらいたいという要請に対し、どのような方策があるのでしょうか。作業改善や運用フローの見直しなど、WMSで対応ポイントを解説します。

▶ 入荷時間の前倒し

在庫圧縮を図る中では、商品の保管期間も短くなる傾向となります。在庫をほとんど持たない受注発注品や、入荷待ち出荷なども発生します。このような在庫最少化の運用の中では、商品の入荷時間によっては出荷作業が間に合わないといった問題に直面することがあります。運用による対策としては、入荷の時間を早めてもらうよう仕入先に申し入れを行い、早期に入荷作業を完了させることが必要となります。

▶ 入荷待ち出荷

システムによる対応としては、入荷待ち出荷をWMSでコントロールし、入荷時に仕分け指示を出す機能などを備えます。たとえば、事前に出荷指示データと入荷予定データを突合せ、出荷引当時に入荷日に出荷を行う商品のチェックリストを出力し、入荷時に確認を行えるようにします。また、入荷検品時に同時に出荷先ごとの仕分け指示を行うことで入荷待ち出荷を実現します。

▶ 入出荷バースのコントロール

スムーズな出荷作業のためには、出荷時間に合わせた入荷および入庫作業時間、入出荷バースと作業動線のコントロールが必要となります。入出荷のバース割り当てについては、入荷予定データおよび出荷予定データに基づいて事前に計画します。また、センター業務の効率化のために、このようなバースの段取りを配送会社や取引先に対して定期的に相談することが必要です。

▶ 配送頻度の見直し

　最近では、輸配送費用の負荷を減らすために、配送頻度を見直す企業も増えてきています。これには、納品先との間での契約内容の見直しという難しい交渉も必要ですが、配送コストを削減し、そこから得られる利益を納品先と配分することでお互いのメリットを出せれば、合意は取りやすいでしょう。

　取引先にとっては、配送頻度が下がることで荷受け側の作業回数が減り、作業コストが下がるというメリットがありますが、1回あたりの発注量、配送量が増えるため、配送先の荷受け作業時間や在庫管理のコストが増えるというデメリットもあります。また、1回あたりの見込み発注が多くなることで、不要な商品を多く発注してしまい、返品の増加という問題も発生する可能性がありますので、その点は注意が必要でしょう。

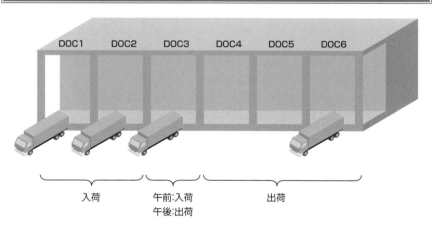

入出荷バースと作業導線をコントロールしよう

DOC1　DOC2　DOC3　DOC4　DOC5　DOC6

入荷　　午前:入荷　　出荷
　　　　午後:出荷

当日の入荷量に応じてバースの計画を立てます
①入荷と出荷の庫内動線に即した着車時間、バース指定
②入荷作業時間:伝票での個口チェック、商品検品をしながらパレットへ積み付け

Column Logistics4.0の時代に

Logistics1.0　輸送の機械化

　従来、輸送は船舶に委ねられてきましが、19世紀に入り蒸気機関の鉄道網が整備され、陸上での輸送力は飛躍的に向上し、大量の物資を大量に正確かつ効率的に運べるようになりました。また、20世紀に入ってからはトラックによる大量輸送時代が到来しました。

Logistics2.0　荷役の機械化

　第二次世界大戦中に軍用の荷役車両として活用されたフォークリフトは、戦後、荷物を積み込んだり、降ろしたりする荷役作業の自動化に寄与しました。

　また、1960年代は、海上輸送のコンテナ化による海陸一貫輸送の実現。倉庫内では、自動倉庫やコンベヤなどの普及が進み、荷物の取り扱いの自動化が進みました。

Logistics3.0　物流管理のシステム化

　1980年代に入ると、**WMS**や、**TMS**などの物流システムが開発され、物流管理業務の効率化が進みました。情報の電子化（EDI化）が進んだのもこの時代です。

Logistics4.0　自動化・省人化

　2010年代後半からセンサー、RFID、バーコードなどのテクノロジーを活用して、物流情報をリアルタイムで収集・共有・分析し、最適な需要予測、在庫最適化、生産計画を立て、物流コストの削減、在庫の最適化など、サプライチェーン全体の効率化を図る取り組みが進められています。また、人工知能（AI）と機械学習: AIや機械学習による分析技術の向上と、ロボットや自動化技術による倉庫内作業の効率化も進んでいます。

Logistics1.0	Logistics2.0	Logistics3.0	Logistics4.0
1800年代後半〜	1950−60年代後半〜	1980−90年代後半〜	2010年代後半〜
輸送の機械化	**荷役の自動化**	**物流管理のシステム化**	**物流の装置産業化**
大量輸送時代の幕開け。大量長距離輸送トラックの実用化で陸上の輸送力が強化	フォークリフト・自動倉庫の普及。海上輸送のコンテナ化による海陸一貫輸送の実現。	ITの活用でWMS、在庫管理、配車管理なNACCSなどによる手続き処理の電子化。	物流コスト構造。IoTの進化で倉庫内の自動化（ロボット化）、省力化、トラック自動運転の進化。

システム連携編

　倉庫業務をマネジメントする WMS は物と情報を管理するサプライチェーンの中でどのような役割を果たすのでしょうか。サプライチェーンは、販売や生産、財務、会計、商流など、企業にかかわるさまざまな動きを統合的に把握する ERP という基幹システムを中心に構築されています。商品という経営資源と物流業務を効率的にマネジメントするには、この ERP と WMS の有機的な連携が不可欠です。

　第 4 部では、そのためのノウハウを中心に解説すると同時に、WMS の基本機能からも ERP との相互連携を図ることの有効性について解説していきます。

Point55
SCM構築におけるWMSの位置づけ

　SCMを構築するためのシステムは、SCP、ERP、SCEの3段階で構成されています。WMSはこの中の業務実行系のシステムであるSCEに属します。ここでは、各システムの役割と、とくにERPとWMSの運用上の関係について解説します。

▶ SCP、ERP、SCE

　SCP*は、需要予測システムや生産計画システムといった計画系のシステムです。

　ERP*は、統合型パッケージシステムを指し、財務会計、人事給与、販売管理、生産管理など基幹業務を統合する情報システムです。

　SCE*は、実行系のシステムを指し、データ通信や物流センター、輸配送の業務を稼働させるシステムです。WMSはこのSCEに属し、ERPとデータ連携して実行系の管理を行います。

▶ ERPとWMSの関係

　WMSは、ERPから送られてくる各種指示データ、マスタなどをもとに物流センター内での各種業務を実行管理するシステムです。この実行の結果、WMSで作成された実績データをERPに送信し、ERPではこれを販売管理などの処理に使用します。

▶ ERPのWMSモジュール

　一部のERPでは、WMSモジュールを合わせ持つものがあります。この場合、WMSをERPモジュールの一部として導入するか、ERPとインタフェースを取って別システムを立てるかが議論となることがあります。

　そもそもERPそのものは伝票単位の処理を行うことを主眼に構築されています。これに対しWMSは、物流作業の効率化を図るために膨大な作業予定データと実績

---

*SCP　Supply Chain Planning の略。
*ERP　Enterprise Resource Planning の略。
*SCE　Supply Chain Execution の略。

データをリアルタイムに処理していく能力が要求されます。

　データ量もさほど大きくなく、現場作業性を重視する必要性がなく、また、在庫管理もERPの処理と切り離せない場合などには、ERP側で物流管理を行った方が合理的な場合もあります。たとえば、一貫して原材料管理から調達物流、販売物流までの管理を行う必要がある場合などです。

　これに対して、物量が大きく、またマテハン機器との連動が必要な場合などは、ERPと切り離して外部のWMSで現場作業を管理し、ERPとインタフェースを取ることで、ERP側の処理負荷を軽減することが望ましいと考えられます。

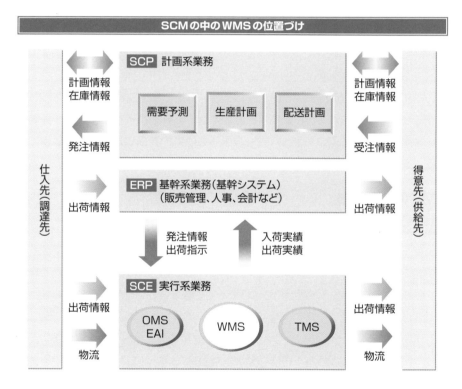

SCMの中のWMSの位置づけ

※SCP（Supply Chain Planning）
※ERP（Enterprise Resource Planning）
※SCE（Supply Chain Execution）
※OMS（Ordering Management System）
※EAI（Enterprise Application Integration）
※WMS（Warehouse Management System）
※TMS（Transfer Management System）

第4章　システム連携編

Point56
TMSの目的と機能

WMSと同じく、SCMの中の実行系であるSCEに属するシステムにTMSがあります。TMSは、輸配送の効率化や作業計画を行うシステムです。ここでは主にその目的と機能について紹介します。

▶ TMSの目的

WMSの目的が倉庫運営の効率化、品質向上、納品遵守であるのに対し、TMSは、輸配送の効率化、納品遵守、安全管理を目的としたシステムです。

WMSとTMSで相互にデータ連携を取って、倉庫と輸配送の双方を同時に効率化することが理想的ですが、倉庫と輸配送では、それぞれ運営する企業が異なっている場合や、WMSとTMSを同時に運用するには大きなコスト負担となることから、連携を取っている企業は少ないのが現状です。

▶ TMSの主な機能

①配車計画システム

出荷予定情報をもとに、積み込みを行うトラックの指定、ルート、配送順などの配車組みを自動計算するシステムです。主に、日々配送先やルートが変更になるコンビニチェーンなどの業態で借りようされています。これまでは熟練者でなければできなかった作業をシステム化することで、積載率を高めながら、短時間に配送計画を立てることが可能になり、出発の時間を早めることも可能となります。ただし、完全な自動化は難しく、通常、最終的な調整は人判断によって行っているケースがほとんどです。

②運行管理システム

デジタルタコグラフなどで車輪回転データを取得し速度超過管理、急加減速管理、連続運転管理、アイドリング管理などを行います。これは、安全運転の励行を行うための基礎データや、燃費向上など環境問題への取り組みの一環となりま

す。また、これらの情報を基に運転日報の自動作成を行います。

③動態監視システム

　衛星により位置を把握するGPS[*]で、リアルタイムに車両の位置情報を取得、空車、荷降し中などの車両の運行状態を確認できるシステムです。到着時間の確認など、顧客の問い合わせへの回答が可能となり、常に車両が管理、監視されていることからドライバーのモチベーション向上にも効果を発揮します。

　また、運行管理システムとの併用で、運行状況と位置情報を同時に把握し、配送先情報とあわせて、ドライバーへの配送指示や、安全管理情報を含めた日報の作成による業務改善、取引先への情報提供サービスとして使用するシステムも増えています。

第4章　システム連携編

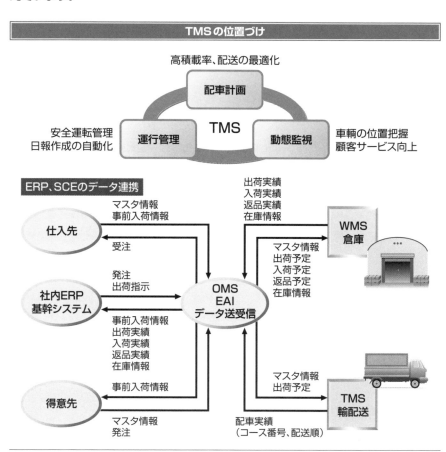

TMSの位置づけ

高積載率、配送の最適化

配車計画

安全運転管理
日報作成の自動化

運行管理　　TMS　　動態監視

車輌の位置把握
顧客サービス向上

ERP、SCEのデータ連携

仕入先

マスタ情報
事前入荷情報

受注

社内ERP
基幹システム

発注
出荷指示

事前入荷情報
出荷実績
入荷実績
返品実績
在庫情報

得意先

事前入荷情報

マスタ情報
発注

出荷実績
入荷実績
返品実績
在庫情報

OMS
EAI
データ送受信

WMS
倉庫

マスタ情報
出荷予定
入荷予定
返品予定
在庫情報

マスタ情報
出荷予定

TMS
輸配送

配車実績
（コース番号、配送順）

＊ **GPS**　Global Positioning System の略。

Point57
取引先および外部システムとの データ連携

取引先をはじめとする外部システムとの連携により、業務の効率化や確実な作業の遂行が推進されます。ここでは、ASN情報、マスタ情報、返品予定データを例に取り、WMSとの連携について解説します。

▶ データ連携の重要性

取引先との間で必要なデータ連携が取れていないために、事務所や物流センター内での入力作業など、イレギュラーな作業を発生させる原因になっていることがあります。WMS導入を機に新たに連携を取ればお互いの効率化に役立つこともあります。以下、WMの運用において、とくに重要なデータ連携を上げます。

▶ 仕入先連携：ASN情報

仕入先との連携では、とくに入荷予定データである**ASN情報*** が重要な意味を持ちます。ASN情報は仕入先にて出荷時に梱包単位で納品明細が紐付けられた情報です。事前にASN情報があれば入荷の作業効率が上がり、入荷精度も向上します。この情報にロット情報や製造年月日や賞味期限などの日付情報が揃えば、入荷時に入力する手間も省略でき、入荷後の在庫管理につなげることも可能となります。

ASN情報を提供してもらえない場合は、入荷予定データや発注データを予定データとして利用します。

▶ 社内・仕入先：マスタ情報

新商品やモデルチェンジの際、仕入先や社内の他システムで新たに登録、変更された商品マスタについては、タイムリーにデータ連携を取ることが必要です。

この連携がうまく機能しない場合、WMSの運用上で問題を発生することがあります。たとえば、入荷の際、商品マスタに登録が無いために、入荷登録ができな

---

* **ASN情報（入荷予定データ）** Advanced Shipping Notice の略。仕入先でスキャン検品を行って作成した出荷実績データを出荷先へ送る。

いケースも生じ、イレギュラー作業の原因となります。

得意先連携：返品予定データ

　返品処理は非常に手間のかかる作業であり、計画的に作業を進めなければすぐに商品が滞留してしまうなどの問題を発生します。また、返品処理を適正に行わなかった場合、実在庫が狂う要因にもなりかねません。

　この煩雑な作業も、取引先からの返品予定データがあれば、データと返品商品をつき合わせることで、正確かつ効率的に作業を行うことができます。

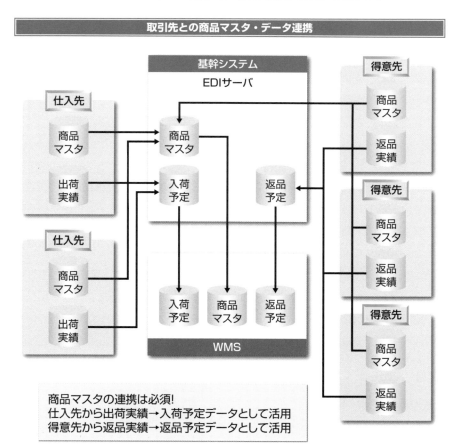

取引先との商品マスタ・データ連携

商品マスタの連携は必須!
仕入先から出荷実績→入荷予定データとして活用
得意先から返品実績→返品予定データとして活用

第4章 システム連携編

Point58
商品マスタ、商品コード管理の注意点

基幹システムとの商品マスタの連携は、データ連携の中で最も重要です。マスタ連携が正しく行わなければ、WMSでの運用もスムーズに行うことができません。そこで、商品マスタ、商品コードをどのように管理、連携させるかという点について解説します。

▶ 商品マスタのコード

基幹システムとWMSのすべての機能は商品マスタを基本にして稼動します。したがって、この商品マスタの整備、連携がきっちりとできていることが、双方のシステム間に不整合が起きない、正常稼働のための基本条件となります。

現在、流通する消費財の基本コードはJANコードであることから、取引先との情報連携も通常はJANコードが基本になります。しかし、基幹システムやWMSで管理する場合、JANコードだけでの運用は弊害が発生することがありますので、加えて**インストアコード**と呼ばれる**社内コード**を付番し、JANコードと併用して管理します。以下、特に社内コードが必要な例です。

①1つのJANに複数の商品登録がある場合

メーカーなどで、複数の商品に同一のJANコードを登録していることがあります。たとえば、色違いの商品に色ごとのJANの取得を行っていない、旧商品から新商品の切り替えの際に新たなJANを取得していないケースなどです。出荷指示書の備考欄に「旧製品で」などと書いていても、バーコードでのスキャン検品の際には同じJANコードで検品しますので、正しい商品との照合にならず、物流センターの業務では誤出荷に気付かないことがあります。

②取引先コード

取引先が各々独自の社内コードで商品管理を行っている場合、発注や受注の際に取引先ごとに様々なコードでやり取りを行うことがあります。このように同一の商品に対して取引先ごとに別々の管理コードがある場合、WMSで指示を出す際に

はJANコードあるいは社内コードへの変換を行う必要があります。たとえば、得意先のコードは「0001」で、自社のコードは「2001」の場合、受注時は「0001」で受け、出荷指示は「2001」で出すような例です。

▶ 物流コード

物流を効率よく作業する上で必要なバーコードとして、ITFコードなどの物流コードがあります。これらの物流コードは、製品コードとは別に段ボールなどの外箱に印字されており、バラ商品を複数でまとめたボールやシュリンクなどの外装に付けて管理する際に使用されています。基幹システムに登録できない場合は、WMSだけで管理およびメンテナンスができることが必要となります。

▶ 荷姿に応じた検品用のコードを選択

複数商品が登録されたJANや取引先コードなどに対応するために、自社でも社内コードの管理が必要ですが、それに加えてWMSでは、作業の効率化のためにITFコードなど物流コードを複数登録し、検品時の荷姿に応じて使いわけます。

たとえば、入荷検品時には段ボールに印字されたITFコードをキーコードとして検品し、出荷検品時には個々の商品についたJANコードで検品する、といった商品の荷姿の特性に応じてコードを使い分けます。

商品マスタ

商品マスタ（サンプル）

商品名	規格	社内コード	JAN	ITF	ボールITF	メーカーコード
健康歯ブラシ	かため(赤)	12345678	49123456	0104912345		1140
健康歯ブラシ	かため(青)	12345610	49123456	0104912345		1127

共通マスタとWMSとの関係

商品マスタ以外にも基幹システムとインタフェース連携し共通で使われ様々な共通マスタがあります。ここではその内容と用途について解説します。

▶ 共通マスタのメンテナンス

商流と物流の双方で共通で使用するマスタは、商流での管理項目や名称が物流との間に食い違いが出ないようにするために、基本的には基幹システム側が主体となり登録、メンテナンスを行い、WMSはその更新情報をもらうという流れにすることで整合性を取っていきます。

▶ 共通マスタの例

以下、最もポピュラーな共通のマスタの例をあげました。

①社員マスタ、作業者マスタ

WMSによるすべての作業は、社員マスタや作業者マスタを基本に本人認証や、作業のログ管理を行います。たとえば、庫内作業に従事する際、作業者IDを作業端末に登録し、作業実績データを作成、保存します。サーバ側の端末にログインする際には、作業権限の認証用として使用し、作業ログを残します。これらの作業ログをもとに、作業生産性や作業履歴管理のための基礎情報を作成します。

②仕入先マスタ

商品の仕入れ先、納入元の企業情報に関するマスタです。このマスタで入荷時の納品時間、納品条件などの入荷条件を管理し、入荷予定を作成する際の基礎情報として使用します。

③得意先マスタ、出荷先マスタ

得意先マスタは、納品書や請求書の送り先、出荷先マスタは、実際の商品の送り先の情報を管理するマスタとなります。マスタに出荷ラベルの要、不要や、ASN情報の要、不要などの納品条件の設定を行うことで、出荷作業の際の条件や

データ作成のためのパラメーターとして使用することもあります。

④セットマスタ

　1つの商品コードを構成する複数の商品コードや部品コードなどの構成品のコードを定義するマスタです。企業によっては構成品マスタ、部品マスタと呼ぶこともあります。たとえば、日用品を取り扱う物流センターでは、ギフト商品の組み合わせ指示などの際に使用します。工業製品、精密機械などであれば、製品を組み立てる際の部品の出荷指示などを作成する際に使用します。

⑤倉庫マスタ

　倉庫ごとの保管条件や作業条件などを管理するマスタになります。複数倉庫を管理する場合に、倉庫ごとに個別の管理が必要な場合は、倉庫マスタを設け、基幹システムと連動して管理を行います。倉庫マスタに設定する倉庫コードは、倉庫単位で各種データを集約する際のキー項目となります。

⑥荷主マスタ

　3PLや倉庫業で行う荷主ごとの荷役料計算や作業特性などを管理するマスタとなります。荷主マスタも基幹システムと連携を取る必要があります。

構成品マスタなど特殊なマスタ構成

　マスタ構成は企業ごとに多くのバリエーションを持ち、WMSとの連携を取る際には社内コードをWMS内だけで付番する必要があることもあります。たとえば構成品マスタなどと呼ばれる「一つの商品コードに対して複数の色やサイズの展開を行う」マスタを持つ場合などです。これらの企業固有のマスタの特殊性により、社内コードだけでの対応が難しい場合は、WMSの構造そのものを変えなければならないこともあります。

構成品マスタの例

商品マスタ		
……	A	……
……	B	……
……	C	……

構成品マスタ（展開マスタ）		
B	111	……
B	222	……
B	333	……

Point60

WMS独自のマスタ管理

基幹システムとWMSの双方で使用するマスタ以外にも、WMS独自に管理するマスタがあります。このWMS独自のマスタは、基幹システムと連携を取らず、WMS内部で登録し、メンテナンスを行います。

▶ WMSで独自に管理するマスタ

前項で触れた社員マスタ、仕入先マスタ、得意先マスタ、出荷先マスタ、セットマスタ、倉庫マスタ、荷主マスタなどは基幹システムとWMSの双方で使用する基本情報であるため、基幹システムとの整合性を取ることが必要ですが、WMS内部だけで使用する項目については独自に登録管理を行います。

WMSの機能の範囲にもよりますが、一般的にWMSに独自に必要なマスタには以下の項目があります。

①配送コースマスタ

出荷先ごとの配送コースや、配送時間を設定するマスタです。商流側で決定した納品条件と関連するため、基幹システム側で設定することもありますが、曜日や物量に応じて配送コースを変えるなどの柔軟性を持たせるために、WMSやTMS側で設定管理します。日々変動しない固定型ルートの場合は、WMS内で配送コースマスタを管理し、ルート単位で出荷指示データを作成します。一方、共同配送を行う場合や、物量や出荷先が日々変更する場合などは、TMSだけで配送コースを設定するか、あるいはTMSからWMSへ配送コースごとの出荷指示を出すという流れを取ることもあります。また、配送コース内の出荷順位を設定し、配送逆順でのピッキングおよび出荷検品、トラックへの積込指示を出すことで、配送時の積み下ろし作業を効率化させます。

②出荷バッチ管理マスタ

配送コースや出荷時間ごとの作業指示の固まりとなる**出荷バッチ**作成を行うためのマスタです。配送コースや出荷時間などに従って、WMS内での作業計画を作

成します。たとえば、トラックの出発時間が13時の出荷先と17時の出荷先を分けて2便で配送を行う場合は、WMSでは、おのおのの時間単位で出荷バッチを分けて出荷指示を作成します。

③梱包マスタ

　梱包に使用する資財の種類と縦横高などのサイズを登録したマスタです。出荷用の梱包のサイズの自動計算を行う場合などに使用します。

④ロケーションマスタ

　作業を単純化し効率化することや鮮度管理、ロット管理などの目的のためWMSで独自に管理するマスタです。基幹システムでもロットと保管ロケーションの管理行う場合は、WMSから格納ロケーション情報を基幹システムに送り、連携を取ることもあります。

⑤ゾーン、エリア管理マスタ

　ロケーションマスタと連携し、ゾーンやエリアごとのフリーロケーション管理・固定ロケーション管理の区分、引き当て可能エリア・不可能エリアの区分、保留品・廃棄品の区分などを登録管理します。

⑥バース管理マスタ

　トラックを着けるためのスペースを**バース**や**ドック**と呼び、その番号や記号を登録したマスタです。仕入先や到着時間帯ごと、あるいは、配送コースや出荷時間帯ごとにバースの割り当て設定を行い、バースのコントロールを行います。このマスタと入荷予定データ、出荷予定データをもとに、入荷バース指示の作成や出荷バースの指定を行います。

WMS独自のマスタ

Point61
WMS独自のパラメーター

日付管理をはじめとする商品特性や出荷先特性に応じた出荷条件など、WMSで独自に管理する項目をマスタに設定し、コントロールを行います。共通マスタの項目の場合は基幹システムのマスタ更新情報時に上書きになって消えてしまわないようにします。

▶ WMSの独自パラメーター

独自パラメーターとは、商品や仕入先、出荷先ごとに特定の条件がある場合、商品マスタや仕入先マスタ、出荷先マスタにそれぞれの条件を設定し、各条件にあった作業指示作成や自動印刷機能などを実現するためのマスタ設定項目です。

たとえば、ある商品に対し日付管理するか、しないかなどの区分は、一般的に基幹システムでは管理しないため、WMSの商品マスタで独自に管理、メンテナンスします。このように商品ごとに入荷、在庫管理、出荷時などの条件がある場合は商品マスタに設定し、仕入先ごとに入荷方法がある場合は仕入先マスタに設定、出荷先に応じた出荷条件がある場合は出荷先マスタに設定します。

これらの情報は、基幹システムと連携したマスタに対してWMS側で追加登録していきます。追加登録した後に、基幹システムから同一のマスタの更新情報を受信する際に上書きされて消されないようにする必要があります。

▶ 機能別にみた独自パラメーターの活用例

①入荷

- **日付逆転チェックなどの入荷条件**：商品マスタに前回入荷日付より古い日付の場合は入荷不可条件を設定し、検品時の端末での処理が先に進まないシステムにすることで、日付のチェックを自動化します。
- **入荷時のバーコード印刷、貼付指示**：入荷予定データにJANの登録がない商品の場合、事前に商品マスタを参照してバーコードを印刷するといった処理

につなぎ、倉庫内のバーコードによるオペレーション化を実現します。

②入庫

- **入庫先のロケーション指定**：入荷検品時にロケーションマスタと商品マスタを参照し、出力する入荷ラベルに保管推奨ロケーションを印字して入庫作業指示とすることで、保管作業の効率化を図ります。
- **温度帯管理**：ロケーションマスタでエリア・ゾーンごとに常温、冷蔵、冷凍などを設定管理し、入庫時は商品マスタの保管特性を参照し温度帯管理に応じたロケーションへの入庫指示を行うことで保管ミスを防ぎます。
- **滞留在庫管理**：一定の保管期間を超えたものを抽出し滞留在庫表を印刷します。

③出荷

- **出荷日付期限などの引当条件**：先入れ先出し、出荷逆転チェックなどの条件のある商品や出荷先を商品マスタや出荷先マスタに設定することで出荷引当時に日付をチェックし、また日付別の出庫指示を作成し、検品することで、出荷ミスを防止します。

④その他

- **流通加工の有無**：商品マスタや出荷先マスタに値札自動印刷、梱包箱サイズ指示などを設定し作業指示データの自動作成を行います。

▶ パラメーター化するか、あるいはアプリケーションやDBで処理するか

　このように、商品マスタのパラメーター設定で、商品ごとに異なる処理を実行させることができますが、このパラメーターの数が多ければ多いほど、商品マスタを参照する処理が増え、システムの負荷が増えます。そのため、商品マスタを参照せずアプリケーションやデータベースだけで処理した方が、システム負荷が小さく処理が早くなります。

　パラメーター化の目的は、後からの運用の変化に対し、カスタマイズではなく、設定変更で対応することにあります。しかし、多すぎるパラメーターはかえってシステム側の処理を膨らませ、運用時間に影響を及ぼしたり、大きなハード構成が必要となったりする場合もありますので、パラメーターを増やしすぎないよう注意が必要です。

第4章 システム連携編

Point62

理論在庫と現物在庫

在庫数量はWMSと基幹システムとの双方で連携する情報です。商物分離でシステムを分けた結果、基幹システムで管理する理論在庫と物流情報システムで管理する現物在庫との二つの在庫管理に分かれます。これらの在庫管理の違いと役割について解説します。

▶ 理論在庫と現物在庫とは

基幹システムで管理する帳簿上の在庫を**理論在庫**、物流情報システムで管理する現物の在庫を**現物在庫**と呼びます。

理論在庫は主に販売管理システムにて伝票処理（受注処理と売上処理）で更新される在庫情報です。一般的には、現物の在庫数とリアルタイムに連動していません。

一方、現物在庫は物流情報システムで管理する在庫情報で、現場で使用する無線端末などと連動し、リアルタイムに在庫情報を更新することで、現実の在庫数を反映する在庫情報となります。

▶ 在庫差異の発生が重要課題

データ更新のタイミングによって理論在庫と現物在庫との間に差異が発生することがあり、運用上での問題を引き起こす原因となります。

たとえば、実際には入荷しており、現物在庫には計上されているにも関わらす、理論在庫データに未だ計上されていない場合、基幹システムで引当をかける際には欠品となってしまいます。逆に、まだ入荷していない商品に対して理論在庫で入荷済みと認識している場合、出荷引当は可能となり、その結果、WMSに対して出荷指示をかけても現物在庫では欠品となってしまうといったことがあります。

以下は在庫差異が発生するタイミングの例です。

①在庫計上のタイミング

　一般的に基幹システムでは、まだ現物が入荷していない段階でも、当日入荷予定数量を在庫数に計上して当日在庫と見なしますが、WMSでは現物の商品が入荷した際に行う入荷検品あるいは入庫登録時の実績情報をもとに在庫計上を行います。このような在庫計上のタイミングの違いから、基幹システム上の引当用在庫数量とWMSの実在庫数量に差異が発生していることがあります。

②在庫引き落としのタイミング

　基幹システムでは、将来日付の出荷予定に対して引当をかけ、在庫数量を先に引き落とす処理を行うことがあります。将来の日付であるため、まだ実際には入荷していない商品に関しても引当を掛けることになり、その結果、在庫が無い状態でも引当を掛けて在庫数を引くため、マイナスの在庫数となることもあります。

　これに対し、WMSでは、現物の在庫数量に対し出荷引当を行いますので、在庫数が足りない場合は欠品とし、マイナスの在庫数になることはありません。また、将来日付の出荷予定品については、基幹システムから事前に指示データとして受信しても、出荷予定日に合わせたタイミングで引当を行います。

▶ 在庫差異の修正と同期化のタイミング

　このように在庫差異が生じる背景として、商流を管理する基幹ステム側では現物を考慮しない伝票処理を行う一方、物流情報システムでは実際に存在する現物をもとに処理を行うため、処理のタイミングのずれが発生することがあります。

　最終的に基幹システムと物流情報システムの在庫の整合性を取るのは、基幹システム側で伝票処理がすべて終わり、物流情報システム側ではすべての予定データの実績化が完了した時点です。日々の処理が行われている途中で整合性を取るのは難しいため、双方のシステムで確定処理や日次更新などを完了した結果を照合するか、あるいは棚卸のタイミングで最終的な整合性を取ります。この際、基本的にはWMS側の現物在庫を正とし、これに合わせて基幹システムの在庫数量を更新するというのが一般的です。

理論在庫と現物在庫

	基幹システム	WMS
管理対象在庫	理論在庫 伝票	現物在庫 現物
在庫数の カウント方法	伝票処理によって 在庫数をカウントする	現物の荷動きで 在庫数をカウントする
引当対象在庫	理論在庫に対して 出荷引当を行う	現物在庫に対して 出庫引当を行う
出荷引き当ての 考慮点	出荷先・顧客などの 優先順位を判断する。	賞味期限などの日付やロット・ 配送順などを考慮して行う。

目的から手段（打ち手）を考えるということ

最近は物流改善の現場でもAI、IoT、ロボットなどの言葉を良く耳にするようになりました。事実として大手通販会社で採用された自走式搬送ロボットきっかけとして、人の作業をロボットで代替する動きが加速していると感じます。

ただ、ここで勘違いしてはいけないのが「ロボットを導入したから効率化した」のではなく、「ロボットを導入して効率化するように業務設計した」ということです。どうしてもロボット導入という打ち手のインパクトが大きくなりがちで、どういう課題を抱えていたのか？その課題をロボットで解決した理由は何なのか？ロボット導入の制約条件はあるのか？といった目的から打ち手を考えるという視点が不足しがちになります。

例として物流現場で抱えておられる「ピッキングの生産性を向上したい」という課題についての目的と手段を考えたいと思います。ピッキング作業で問題となることが多いのは、①歩行距離が長い、②作業者による生産性にバラツキがあるという2点です。自走式搬送ロボットは商品を作業者の手元まで搬送することができるため、①は解決しますが、②を解決できるかどうかは生産性のバラツキの原因が「作業者によって該当商品がある場所まで辿り着く時間が異なる」でないと解決しません。

課題解決が必要な目的と、それを解決する手段（打ち手）をセットで考える習慣を身につけることが生産性向上の近道です。

手段の目的化を防ぐ方法

「なぜなぜ」を繰り返す
・なぜケースにシールを貼っているのか？
・なぜ、二人体制で検品を行っているのか？

本当に必要？

Point63
入荷予定と実績データ

　基幹システムから送られてきた入荷予定データをもとに、WMSで入荷実績データを作成し基幹システムに返します。必要に応じて入庫実績データも基幹システムに送ります。これらWMSと基幹システムとの間で行われる入荷関連のデータ連携について解説します。

▶ 入荷予定データの受信

①仕入先からASN情報が送られて来る場合

　仕入先から**ASN情報**と呼ばれる事前出荷情報が送られてくる場合、これを入荷予定情報としてWMSでの入荷検品に活用します。

②基幹システムで入荷予定データを作成する場合

　ASN情報が無い場合は、一般的には「発注情報」をもとに、基幹システムで入荷予定データを作成します。このデータには、仕入先から物流センターまでのリードタイムを計算するか、もしくは、仕入先からの納期回答を得て、入荷予定日を基幹システムで設定します。WMSでは、この入荷予定日を基準に発注番号単位で入荷予定リストや入荷ラベルの印刷などを行います。

▶ 入荷実績データの作成

　この入荷予定データに対してWMSでは入荷実績データを作成します。入荷予定データの項目に加え、製造日、賞味期限などの日付情報や、ロットNoなどを付加して入荷実績データを作成します。

▶ 入荷実績データ送信のタイミング

　入荷実績データをどのような用途で使用するかによって、基幹システムに送り返すタイミングが決まります。

①出荷引当のためのデータ

WMSの入荷実績データを基にして基幹システム側の在庫計上を行い、引当用の在庫情報として用いる場合、入荷実績データは作成の都度、タイムリーに基幹システムにデータ送信することが必要となります。

②買掛計上のためのデータ

基幹システムでWMSの入荷実績データを買掛計上用のデータとしてのみ使用する場合はリアルタイムのデータ連携までは必要ないケースもあります。その場合、入荷実績データは、日次更新時や締め処理の時にまとめて送受信を行います。

▶ 入庫実績データ

WMSでは、入荷後に、保管棚などに格納した格納ロケーション情報を入庫実績データとして作成します。基幹システム側で、この入庫実績データをもとに引当用有効在庫を計上する場合は、WMSでは入庫情報を随時基幹システムにデータ送信します。

最近増加しているBtoCセンターやオムニチャネルセンターでは、ネット上で表示される在庫数と物流センターの実在庫を近づけるために、このようなWMSと基幹システムのリアル連携が重要性を増しています。

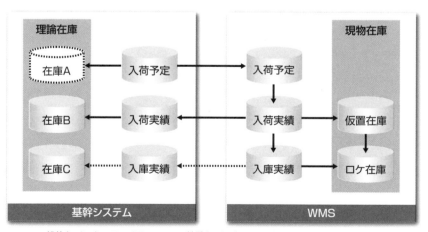

入荷に関わる基幹システムとWMSのデータ連携

←→ 一般的なインターフェイス。　◀┅┅▶ 特殊なインターフェイス。

第4章　システム連携編

Point64

発注残、入荷残管理

物流センターの最適な運営を行うには、発注残および入荷データや受注残データの扱い方も重要なポイントです。これらのデータに対する基幹システムとWMSとの役割分担、連携方法、注意点などについて解説します。

▶ 発注残・入荷残管理の主体

発注残および入荷残データとは、基幹システムで作成した発注データのうちまだ入荷検品が行われていない入荷予定データの残データを指します。この残データの処理方法に関して基幹システムとWMSの役割分担が明確でない場合、残データの処理が進まず、WMS側に入荷残データが蓄積していくケースもあります。

▶ 基幹システムで入荷残管理を行う場合

商流で作成した発注データを物流側で勝手に変更することができないという商物分離の原則から、発注残、入荷残管理は基幹システム側で行い、WMSでは入荷残管理を行わないことが基本ルールとなります。基幹システムでは、WMSから送られた入荷実績データで発注データおよび入荷予定データを消し込み、入荷残データを作成します。追加発注のデータと入荷残データを合わせて、日々、入荷予定日単位で入荷予定データを更新し、WMSに送ります。

WMS側では、前回までの入荷残データを削除し、日々、基幹システムから送られてくる更新された入荷予定データを正しいデータとして使用します。

▶ 基幹システムで入荷残管理を行わない場合

基幹システムで発注残、入荷残データを考慮せずに新たな発注データをそのままWMSに送る場合、WMSには、入荷が無かった商品は入荷残データとして残ります。入荷残データが貯まっていくことで、サーバの大きな負担になったり、入荷予定リストが膨大に出力されたりすることで、入荷作業の効率化の妨げになること

もあります。そのため、WMSには、入荷の見込みがない未入荷品を定期的にデータ消去する機能が必要となります。これは、本来は発注権限者でなければできない作業ですので、データを消すタイミングや方法などを事前に発注担当部署と取り決めておく必要があります。

入荷残管理における連携

基幹システムで入荷残管理を行う場合

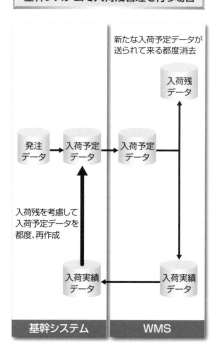

基幹システムで入荷残管理を行わない場合

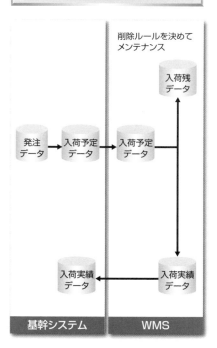

Point65
出荷予定と実績データ

基幹システムから送られた出荷予定データをもとに、WMSで出荷実績データを作成し、基幹システムへ返します。必要に応じて出庫実績データも基幹システムに送ります。これらWMSと基幹システムとの間で行われる出荷関連のデータ連携について解説します。

▶ 出荷予定データの受信

基幹システムでは、受注データを基に物流センターの出荷日を基準として出荷予定データを作成しWMSへ送信します。出荷日は物流センターから出荷先までのリードタイムを基にして算出します。

近年のリードタイムは短縮化の傾向にあり、当日受注当日出荷のケースも多くなり、受注データがそのまま出荷予定データとなることもあります。

▶ 出荷実績データの送信

WMSでは出荷予定に対して出荷実績データを作成します。出荷実績データには出荷日の他に、便情報、梱包別出荷明細データや、商品ロット情報などWMS独自に作成管理するデータも付加することがあります。

▶ データ送信のタイミング

WMSから基幹システムへのデータ送信のタイミングは、基幹システム側での伝票の出力や売上処理のタイミングに合わせて行います。

特に出荷時に基幹システムで発行する納品書や伝票を同梱する必要がある場合、出荷完了後に伝票を出力するパターンと、出荷前に伝票を出力するパターンの2種類があります。

①出荷後に伝票出力を行う場合

WMSからの出荷実績データをもとに伝票を印刷することで、欠品の場合の伝票

の差し替え作業を無くすことができます。この場合、出荷時間に間に合わせるためにWMSからいかに早く基幹システムに出荷実績データを送信できるかがポイントとなります。また、商品と伝票の組み合わせが間違っていないかをチェックする工程が必要となります。

②出荷前に伝票出力を行う場合

基幹システムの出荷予定データで先に伝票を出力し、伝票を基にした作業を行う運用方法もあります。この方法は、出荷実績を待つことなく事前に伝票を出力できるメリットを持つ一方、欠品が多発する場合には伝票差し替えや書き変えの手間がかかるため、在庫精度が高く欠品が起こりにくい物流センターでのみで実現しうる運用法となります。また、BtoCセンターの場合も納品書と商品との一致が前提となりますので、納品書を先出ししてピッキングを行う運用が一般的となっています。

③伝票レスの場合

ASN情報を作成する**伝票レス運用**では、ピッキング時あるいは出荷検品時に作成した実績データを基に取引先への事前出荷情報を作成しますので、納品書が不要なペーパーレス運用となります。

▶ 出荷確定データ

WMSで最終的な出荷数量が確定した段階で、出荷確定データを作成し、基幹システムにデータ送信します。出荷検品時のデータや、トラック積み込み検品時のデータで確定を行います。基幹システム側では、このデータをもとに売掛データの作成や引当用の理論在庫の引き落とし処理を行います。

出荷確定後はWMS側では出荷訂正や出荷取り消しを原則不可とし、商品を戻す場合は返品で処理する流れが一般的です。

Point66

受注残、出荷残管理

基幹システムとWMSの連携において、在庫引当に対する双方の役割をもとに、受注残管理のそれぞれの役割分担とデータ連携および注意点について解説します。

▶ 受注残管理

受注残とは、基幹システムからWMSに送られてきた出荷予定データの内、WMS側で現物欠品が発生し、あるいは、現物をピッキングした際に欠品が判明し、そのまま出荷されずに残ったデータを指します。

受注に対する納品は、商流の判断を伴うものですので、基本的には発注残・入荷残管理と同様に、受注残管理も基幹システム側で判断し処理することが基本となります。

▶ WMS引当時の欠品

基幹システムで**理論在庫**に対して引当を行った際に欠品がなく、出荷予定データを作成したにも関わらずWMS側での**現物在庫**で欠品が出るのは、基幹システムの論理在庫とWMSの物理在庫の間に**在庫差異**が生じていることを意味します。原因として、予定通り入荷していないか、あるいは入荷検品ミスや入荷実績データの送信タイミングの問題などが考えられます。

▶ 現物欠品

WMSで引当を行って欠品が出なかったにも関わらず現品が不足していた場合は、現物欠品となります。原因としては、WMS内での在庫差異が発生していることが考えられます。この場合、入荷や出荷時の作業ミス、業務フローからシステムまで物流センター内業務全体の検証が必要となります。在庫差異はWMSの運用においては最も重要な改善課題です。

● 欠品対応としての出荷指示データの再送受信

　欠品判断を基幹システム側で行い、再出荷指示のデータを作成します。現物欠品の場合、仕入先への緊急発注や仕入先から得意先への直送指示、自社のセンター間での在庫移動指示なども商流の判断になります。

　WMSでは在庫調整を行い現物とシステム上の在庫を合わせ、基幹システムで作成した出荷指示データを再受信します。

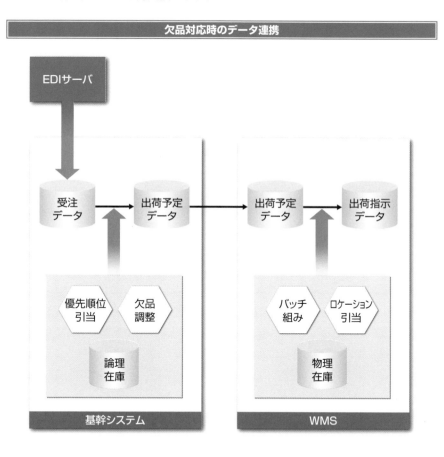

欠品対応時のデータ連携

WMS構築の極意

　個人的な経験から言えば、WMS構築に際して最も予定通りに進まないのは要件定義のフェーズです。要件定義の進捗はプロジェクトマネージャーのスキルに大きく依存すると言えます。

　パッケージシステムを基本にする場合は、パッケージ機能と自社の業務要件のすり合わせを行う調整力を必要とし、更に、スクラッチ開発の場合は、システムのアーキテクチャやデータベースの設計能力も必要となり、高い技術力が要求されます。そのため、開発を担当するベンダーが中心となって要件定義を進めることが一般化しています。

　しかし、WMSの基本方針を固める要件定義をパッケージベンダー主導で進めてしまうと、システム化の目的が現場に理解されないままシステム開発が進み、本稼働後に運用が乗らない結果となってしまうことが往々にしてあります。要件定義は、実務を担当するユーザーがシステム化の目的を理解し主導的立場となり進めていくことが重要です。

良い進め方		悪い進め方
ユーザー主体型		**ベンダー主導型**
現場の運用レベルに合わせて課題解決型で業務要件を固めていく。		パッケージシステムの機能に対するFIT&GAPのみで進める

　また、難易度の高い要件定義では、たとえば当初は5ケ月と想定していても倍の10ケ月かかってしまうこともあります。その理由はユーザーの要求機能の絞り込みや費用対効果の見直しなど、想定外の調整が発生し、時間を要するためです。

　このような状況でスケジュールの見直しをせず、結果として開発工程を短縮し、テストも十分に出来ない期間になってしまい、本番稼働が失敗してしまうという結果を招くこともあります。要件定義が終わってから、再度妥当なスケジュールを引き直すことはシステム構築成功ための極意と言えます。

WMSの
機能活用編

いよいよ WMS の活用です。WMS は、物流センターでの様々な業務の改善に対応した機能を持ちます。第5部では、入荷から出荷までの各種業務に対する WMS 活用のポイントを中心に解説します。いままで取り組んできた物流センター全体の改善プロジェクトをどのように現場作業に落とし込むかというノウハウでもあります。物流センター内で行われる各種業務が本来どのような意味を持つのかということをあらためて見直していただき、そこから改善のあり方を模索するための検討材料としてもいただければと思います。

図解入門
How-nual

Point67
WMSの基本機能

　WMSの機能は、大きく分けてサーバ管理機能、検品機能、マテハン機器連携機能の3つで構成されます。これらは、WMSに最低限必要な基本機能です。まずは、これらの機能で実行される業務内容を確認しておきましょう。

▶ サーバ管理機能

以下、WMSサーバでコントロールする主な機能をあげました。

- **入荷**：入荷予定、入荷実績、未入荷、入庫予定、入庫実績、未入庫
- **在庫**：ロケーション在庫管理、棚卸、在庫調整、振替、廃棄
- **出荷**：引当、補充、欠品調整、出庫指示、出荷検品、荷合わせ、梱包明細作成
- **返品**：得意先返品予定および実績、仕入先返品予定および実績
- **印刷機能**：各種帳票、ラベル、値札、配送伝票、納品書
- **照会機能**：在庫照会、作業実績などの照会機能とCSVデータ吐き出し機能
- **データ連携**：基幹システム、その他外部システムインタフェース

▶ 検品機能

　ハンディターミナル、PCに接続した検品用スキャナー、定置型スキャナー、スキャナー付きフォークリフト搭載端末などのAuto−IDや画像認識、音声認識などを活用した機能。

- **入荷**：入荷検品、入庫検品、入庫登録
- **在庫関連**：ロケーション移動登録、棚卸
- **出荷**：補充登録、出庫検品、出荷検品、荷合わせ検品、積み込み検品
- **返品**：得意先返品受付、仕入先返品出荷

▶ マテハン機器連携機能

　マテハン機器は、独自の管理システムで稼動するものが多く、WMS側ではその

システムとのデータ連携部分を作成します。

　出荷に関する連携部分に関しては、引当や配分、再配分、欠品処理などの処理について個々のケースごとにWMSとの役割分担について検討する必要があります。

　マテハン機器には大きく分けて2つの種類に分けられます。

①保管機能を有するもの

　自動倉庫などの入荷から保管、出荷までの機能を有するもの。

②仕分け機

　ピースソーターなどの自動仕分け機、**デジタルピッキング**、**デジタルアソート**、**ゲートアソートシステム**などの出荷仕分け機など。

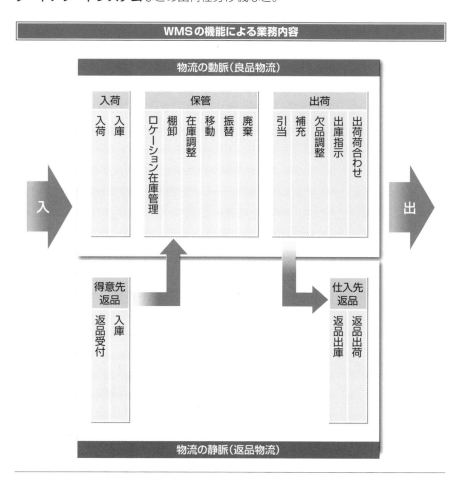

WMSの機能による業務内容

物流の動脈（良品物流）

入荷	保管	出荷
入荷　入庫	ロケーション在庫管理　棚卸　在庫調整　移動　振替　廃棄	引当　補充　欠品調整　出庫指示　出荷荷合わせ

入

出

得意先返品	仕入先返品
返品受付　入庫	返品出庫　返品出荷

物流の静脈（返品物流）

Point68
入荷予定データの活用

　物流センターでの商品の管理精度は、入り口である入荷が最も重要なポイントとなり、後工程である在庫や出荷の精度に直結します。入荷予定データを活用し、正しく商品を受け入れ、迅速かつ適切なロケーション管理を行うことは、センター運営上、最も重要なポイントです。

▶ 入荷予定データ

　基幹システムから送られてきた入荷予定データあるいは発注データをもとに、WMSでは入荷予定日付単位で仕入先マスタを基に集計を行います。

▶ ロケーションチェック

　新規入荷商品に関しては、入荷前までに必ずロケーションの設定を完了します。もし、入荷予定データとロケーションマスタとを突き合わせた段階で、入荷予定商品にロケーション登録が無い場合はロケーション設定勧告リストを印刷し、入荷前までにロケーションの設定を行うよう促します。

①固定ロケーション管理商品の場合

　商品の格納先のロケーションを予定データの中にあらかじめセットし、入荷予定リストや入荷検品シールにセットしたロケーションを印字します。

②フリーロケーション管理商品の場合

　入庫先をシステムで自動的に割り振る方法と、現場の作業者の判断で入庫先のロケーションを決定しその場で登録する、という2種類のパターンがあります。

　システムで自動的に割り振る場合は、入荷検品時のロケーション割り当て処理に時間がかかってしまうこともあります。とくにデータ量が多い場合などは、処理方法を工夫する必要があります。作業者の判断で入庫先を決定する場合は、システムの負荷も比較的低く現場運用に対する柔軟性もあります。入荷検品時に空いているロケーションを検索し入荷検品シールに印字するか、ハンディターミナルなど

に表示することで、入庫先の目処が付きやすく作業性を向上させます。

　また、空きロケーション検索の推奨ロケを「前回入庫ロケ」「同一商品の保管場所の最も近く」「ABC分析の結果」「商品マスタ設定の優先ロケ」など工夫をすることで、後続するピッキング作業の効率化を図ることが可能となります。

▶ 入荷作業計画

　入荷予定データをもとに入荷作業の計画を行います。

①入荷バースの計画

　入荷予定をもとに、到着する便の着車バースの番号と着車時間を計画します。当日の出荷バース計画と合わせて、入荷作業、出荷作業双方がスムーズに行えるようにスケジュールを組み、仕入先に対し着荷時間を依頼します。

②入荷作業人員の計画

　入荷後のスムーズな出荷作業への連携や、庫内全体の運用フローを考慮し、入荷予定の物量や時間に応じて、作業者の人員配置計画を作成します。

入荷データの活用法

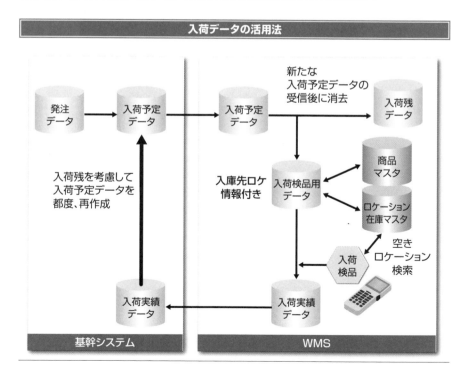

Point69

入荷検品

入荷検品データを作成した後は、実際に商品の入荷検品作業を行います。ここでは、入荷予定リストを印刷する際のポイントに加え、バーコードを活用した効率的な入荷検品の手法を中心に解説します。

▶ 入荷予定リスト印刷

入荷検品用のデータをもとに、入荷予定リストを印刷します。大量の予定リストが出てしまうと、入荷商品に該当するリストを探す手間が増大し、作業に多大な時間を割いてしまいます。効率の良い入荷作業のために最小限のリストを出せるよう、入荷予定日単位、仕入先や配送便単位など、商品が届く単位で入荷予定リストをタイミング良く印刷することが必要です。また、**入荷残**を極力少なくし、入荷予定リスト全体の枚数を減らすことも効率化のポイントです。

▶ 入荷検品作業

入荷予定リストやハンディターミナルなどを使用して入荷検品作業を行います。ハンディターミナルでは、リストや現物のバーコードを活用します。

①バーコードのない商品の入荷検品

商品にバーコードが付いていない、付いているが検品用に使えないなど現物をスキャンすることができない場合は、入荷予定リストをもとに目視検品を行います。実際に入荷した数量や賞味期限などを入荷予定リストに書き込み、後でPCに登録します。入荷予定リストにバーコードを印刷し、このバーコードをスキャンして入荷実績データを作業現場で作成することで、PCへの入力作業を省くことが可能となります。入荷検品作業ではスキャンの手間が増えてしまいますが、後工程での事務作業が効率化できます。

また、**音声認識システム**を活用し、商品名を読み上げて現物チェックを行う事例も増えています。音声システムでも入荷実績データを現場で作成することが可

能となり、入荷スピードを上げることが可能になります。

　この際に、商品バーコードを印字した入荷検品ラベルを出力し、現物に貼付することで、後工程をバーコード管理に持ち込むことも可能となります。

②バーコードスキャンによる入荷検品

　入荷した商品を直接スキャンし、予定データを呼び出して参照し、実際の入荷数量や賞味期限日付などを入力し入荷実績データを作成します。現物をその場でスキャンするため、商品を間違えることなく、正確な入荷実績データを作成することが可能になります。

　賞味期限などの日付入力時に、許容期限を超えている場合はアラームを出し、入荷を拒否する運用法をとることで厳格な**日付管理**を行うことができます。

　また、入荷時の**荷姿**がケースやボールなどの場合、外箱に印字されたバーコードをスキャンすることで入荷検品できれば、わざわざ箱を空けて商品を取り出さずに済みます。ケース用のITFコードなどがあれば、マスタへの登録を行って活用します。検品端末の入力画面では、ケース、ボール、バラなどの入荷荷姿の単位で入力できるようにすると作業効率が上がります。入荷予定情報にケース数などの情報が無い場合は、WMSの事前処理で総数をケース入り数で割り、ケース数を算出しておきます。

入荷検品の形態

入荷予定リストをもとに入荷検品

入荷予定リスト

入荷予定日2008年3月○日

入荷予定商品	数量		賞味期限
○○○○○	15ケース	‖‖‖‖‖‖‖	2008年5月○日
○○○○○	20ケース	‖‖‖‖‖‖‖	2008年5月○日
○○○○○	3ケース	‖‖‖‖‖‖‖	2008年5月○日
○○○○○	1ケース	‖‖‖‖‖‖‖	
○○○○○	1ケース	‖‖‖‖‖‖‖	

**現物のバーコードを
そのままスキャン**

①スキャン回数でのカウント
　もしくは数字入力
②日付入力(製造年月日、賞味期限
　などを入力)

Point70
入荷実績データ作成と
入庫指示書

入荷検品作業が完了した段階で入荷実績データを作成します。これにより、実際に商品を入庫格納する作業に必要な入庫指示を作成できます。ここでは入庫指示の作成に関連する作業効率化のポイントについて解説します。

▶ 入荷実績データ作成

入荷検品の実績データを作成し、後に続く入庫指示用のデータとして使用します。また、入荷実績データは基幹システムにデータ連携します。

▶ 入庫指示データ作成と入荷検品シール出力

入荷検品の際に入庫指示データを作成し、その結果を入荷検品シールや入庫シールと呼ばれるラベルや、現品票などに印字を行い、梱包材や直接に商品などに貼付します。

入荷検品シールの役割は以下のとおりです。

①入荷検品完了の目印

入荷検品後に出力した入荷検品シールを貼る運用を取ることで、入荷検品が完了したことが見た目で確認できるようになり、重複した入荷検品作業や、入荷検品漏れなどを防止することが可能となります。

②作業の分業化

入庫作業を入荷検品とは別の担当者で作業できるように分業化し、流れ作業化するために入荷検品シールを貼付します。とくに、多階層の物流センターや、広大なフロアを持つセンターでは、入荷検品を行った場所から入庫先が遠くに位置することもあるため、入荷と入庫の分業化は必須となります。

③固定ロケーションの入庫先の指示

入荷検品シールに商品の格納場所を印字することで、熟練者でなくても誰でも決められた保管場所へ正しく格納することが可能になります。正しい保管場所に

格納することで、後に続く出庫の際にスムーズな商品のピックアップを実現し、誤出荷を防ぐことができます。

④フリーロケーションの入庫格納用バーコード

　入荷日別商品別ロット別などの入荷単位で切った**入荷管理番号**をWMSで付番し、ラベルに印字して入庫登録用のバーコードとして使用します。また、空きロケーションの検索結果を印字し、入庫作業を効率化します。

⑤バーコード化

　バーコードがついていない商品の場合、商品番号、社内コード、取引先コードなどのバーコードをラベルに印字して貼付することで、後に続く棚卸作業や出荷検品などの作業に活用することが可能になります。

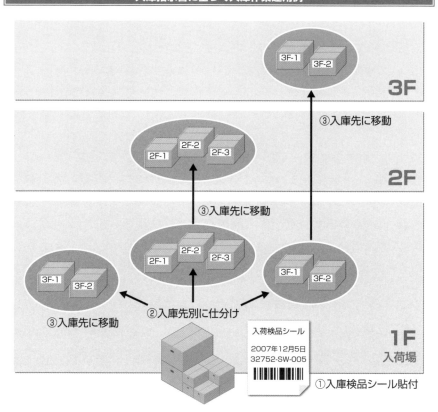

入庫指示書に基づく入庫作業運用例

3F

3F-1　3F-2

③入庫先に移動

2F

2F-1　2F-2　2F-3

③入庫先に移動

2F-1　2F-2　2F-3

3F-1　3F-2

3F-1　3F-2

③入庫先に移動

②入庫先別に仕分け

入荷検品シール
2007年12月5日
32752-SW-005

1F
入荷場

①入庫検品シール貼付

第5章　WMSの機能活用編

Point71

入庫格納と入庫登録作業

入荷作業が終了した後、次に入荷した商品を所定のロケーションに保管する入庫格納作業と入庫登録を行います。これらは、正確な商品管理や実在庫の把握、さらには後の出荷に影響する重要な作業となります。

▶ 固定ロケーション管理の場合の入庫検品

固定ロケーション管理の場合、商品の格納先はあらかじめ固定的に決めていますので、作業者は入庫指示書等に従い、所定のロケーションに商品を格納します。この際に、正しいロケーションに格納したか否かのチェック、入庫状況の管理、入庫検品の後でロケーション在庫データ作成などのために、ハンディターミナルを活用して入庫検品を行うという運用方法もあります。作業者は、商品のバーコードや、入庫指示書、入荷検品シールに印字されたバーコードと入庫先のロケーションバーコードをスキャンすることで、格納場所の正誤チェックを行い、入庫登録を行います。

特に、大規模なセンターでは、商品がまだ格納されていない段階で後続の出庫引当がかかってしまうと、ピッキング作業者が商品を探さなければならない事態も発生してしまいますので、入庫検品は重要な作業となります。

一方、小規模の物流センターで入庫状況が目視で可能な場合は、入荷検品が完了した段階で自動的にロケーション在庫を計上し、入庫登録を行わない運用も現実的です。

▶ フリーロケーション管理商品への入庫先指定

フリーロケーション管理商品の入庫先に関しては、WMSで格納先のロケーションを指定し、実際の格納先については、作業者が自ら決定できるようにすることで、柔軟なロケーション運用も可能となります。

また、WMSで空きロケーションの検索だけを行い、実際の格納ロケーションは

作業者の判断で決定するという運用方法もあります。

▶ フリーロケーション管理の場合の入庫登録

　フリーロケーション管理を行う商品の場合は、入庫作業の際には、実際に格納したロケーションに対する入庫登録（格納処理）を行うことが必須となります。入庫登録を怠ると、ロケーション在庫が狂い、この後に続く出荷引当ができないことにもなりますので、タイムリーに作業を行うことが必要です。WMSで未入庫商品の入庫進捗管理を行い、進捗管理画面やリストで格納作業を促します。

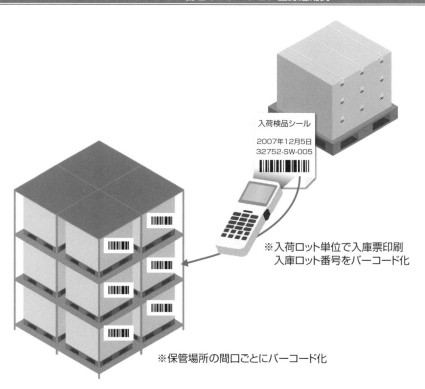

フリーロケーション管理のロケーション登録運用例

入荷検品シール
2007年12月5日
32752-SW-005

※入荷ロット単位で入庫票印刷
　入庫ロット番号をバーコード化

※保管場所の間口ごとにバーコード化

入庫票の入庫ロット番号のバーコードとロケーションバーコードをスキャンし、入荷ロット単位で格納場所を登録します。

Point72
フリーロケーションによる
在庫管理

フリーロケーション管理を活用することでロット管理などを実現できる一方、固定ロケーションに比べ、高い運用レベルが要求されます。ここでは、そのシステム構築上の注意点に加え、作業生産性を向上させるためのポイントについて解説します。

▶ フリーロケーションのメリット

フリーロケーション管理を採用することで、入荷単位、ロット単位、賞味期限単位などで商品ごとの管理特性に応じたロケーション管理が実現できます。**先入れ先出し**や**ロット引当**などの情報をシステムで確実に管理し、入庫や出庫の際に作業者に対してロケーション先を明確に指示します。これにより、従来は、専任の担当者でなければ、どの日付の商品がどこのロケーションに格納されているのかわからなかったものが、誰にでもわかり、正確な作業をすることが可能になります。

▶ 入荷ロットNo・入荷管理番号の発行

入荷検品時に入荷日や賞味期限などの日付別、ロット別に入荷ロット単位を特定し**入荷ロットNo**や**入荷管理番号**と呼ばれる管理番号を発行します。この入荷管理番号をバーコード化し、入荷検品シールに印字します。入庫作業者は入庫先のロケーションバーコードをスキャンしてこの入荷管理番号を登録し、ロケーション番号との紐付け処理を行います。

保管荷姿や出荷荷姿と連動させるために、ロケーションとの紐付けではなく、保管するパレットやカゴ車のバーコードなどと紐付けを行う運用法もあります。

▶ システム構築上の注意点

①容積計算

保管ロケーションの容積と商品の容積を管理し、入庫先の候補の選定や移動先の候補を作成します。入庫指示データ作成の際には、この入庫先候補に対し、作

業生産性を考慮した上で実際の入庫先を指定します。

②出荷作業の生産性の考慮

　フリーロケーション管理は、いわば"商品はどこに置いてもよい"という考え方が基本ですので、同一ロットの同一の商品がバラバラに、離れたロケーションに保管される可能性があります。そうなると、出庫作業の際の動線が長くなり、効率性を阻害する要因となります。WMSで格納指示データを作成する際に、同一商品については極力近い空きロケーションに格納指示を出します。

　また、出荷頻度の高い商品は、出荷口に近い場所や一定のゾーンの中に固め、出荷作業が容易な2段目や3段目の棚に入れるなど入庫指示に際して考慮します。ただし、出荷頻度の高い商品を狭い範囲に固め過ぎると、かえって作業者が混雑して作業進捗が遅れてしまうことにもなりますので注意が必要です。

　動線を簡略化し作業を効率化させるために、作業終了後などに商品を移動し、整理することも必要です。

③同一商品の異ロット管理

　同一のロケーションに、ロットの異なる同じ商品を格納してしまうと、出荷の際にロットの取り間違いを起こしてしまいます。異ロットの同一商品が同じロケーションに登録されようとした場合、システム上、入庫登録時のチェックでアラームを出すといった工夫も必要です。

フリーロケーション管理

隣り合う間口には異なる入荷日の同一商品を置かない（システムで防止する）ことで先入先出しを確実化します。

ロケーションバーコード

間口1
間口2
間口3

同一商品でも異なる入荷日の場合は、段、間口を分けるが、出来るだけ近くの棚に配置すると出荷作業の生産性が上がります。

進められる食品ロス削減と倉庫業務の効率化

食品ロス削減や食品リサイクルの取組事業者と取組内容を公表
(農林水産省　2022年10月)

　2022年10月30日の食品ロス削減の日を「全国一斉商慣習見直しの日」とし、食品小売事業者における納品期限の緩和や食品製造事業者における賞味期限表示の大括り化（年月表示、日まとめ表示）、賞味期限の延長、食品事業者におけるフードバンク・子ども食堂等への食品の提供を呼びかけ、食品廃棄の削減削減、商慣習見直しによる食品ロス削減や食品リサイクルの取組を呼び掛けました。

　①**賞味期限緩和**：これまでの3分の1ルール（賞味期限の3分の1までに小売業に納品されるという業界ルール）を緩和し、2分の1とする。

　②**賞味期限大括り化**：賞味期限を日付で表記していたものを月単位や10日単位での日まとめで表記する。

　③**賞味期限延長**

　④**フードバンク・子ども食堂等への食品の提供**

賞味期限緩和により先入れ先出業務の効率化に

　賞味期限を日付単位で管理する場合、物流センターでは、入荷時や出荷時に製造年月日のチェックを行い、前回の日付よりも古いものが入荷あるいは出荷していないかという日付逆転チェックや、棚卸時に賞味期限日付ごとの在庫数の確認業務があります。

　しかし、この管理を日付単位ではなく、月単位など大括りで行うことが可能となれば、より入出荷業務や棚卸業務が簡略化され、また、廃棄の手間が減ることになります。

　賞味期限の緩和や大括り化は、食品ロスを削減するだけでなく、倉庫業務の効率化にも役に立つ取り組みとなります。

荷捌き場のスペースは十分に

　物流センターの構築にあたり、意外と意識されていないのが、荷捌き場の広さです。

　荷捌き場は、入荷商品の仮置き、入荷検品、入庫ロケーション別仕分け、出荷商品の仮置、仕分け作業、トラックへの積み込み前の検品、その他にも様々な作業や商品の一時保管の予備などとして使用します。また、入荷してすぐに出荷する商品などは、荷捌き場を仮置き場と呼ぶことから、入出荷エリアとしての機能を持ちます。

　この荷捌き場のスペースを狭く設計してしまうと、様々な支障が発生します。たとえば、保管スペースが足りないため、入荷した商品を荷捌き場に入庫仮置きした場合、出庫作業の邪魔になることがあります。また、出庫して荷捌き場に出荷仮置きをしている時間帯は、入荷受付をする場所を占拠してしまい、当日出荷しなければならない商品を受け取れなくなることもあります。荷捌き場が充分な広さではなかったり、運用フローとマッチしていない場合は、このように物流センター全体の作業効率を損なう結果を招いてしまいます。

　それにもかかわらず、物流センターの広さや形状の制約から、商品保管エリアの方が優先的に確保され、荷捌き場は狭められてしまうのが一般的です。荷捌き場は、一日の入荷量、入庫までの仮置き量、出荷までの仮置き量、入荷と出荷のバースのコントロールなどを総合的に判断して適切な広さを確保します。新規で物流センターを建設する場合は、荷捌き場で物流量のバッファーを取ることも考慮し、各エリアに充分な広さを取ることが望ましいでしょう。

早く荷受けして！

Point73
ステータス管理と振替機能

WMSでは商品の保管状況や引当の可否などをコントロールするために、良品や不良品などの商品状態に応じたステータスを管理するシステムが不可欠です。このステータスを変更する機能を振替機能と呼びます。

▶ 業態、業種、企業によって異なるステータス

業態や業種、また取引先の特性によってステータスの種類や数が異なります。

たとえば、食品では鮮度や等級でのステータス管理があり、アパレルでは、商品の品質や流通加工の工程を管理するステータス管理などがあります。ステータスの種類は、システム上の設定で追加や変更を可能とすることにより、状況の変化に応じて柔軟に対応できるようになります。

▶ ステータスのコントロール方法

ゾーンマスタのエリアと紐付けてステータスをコントロールする方法があります。**良品エリア**、**保留品エリア**といった特定のエリアにステータスを関連付け、このエリアに対して引当の可否、引当の優先順位、廃棄などの処分方法をコントロールします。

▶ 振替機能

商品のステータスを変更する機能を振替機能と呼びます。たとえば、良品であったものが、破損したために出荷できなくなった場合は、引当を掛けられない不良品エリアに振替を行います。

振替作業が遅れ、出荷できないものに出荷指示がかかってしまった場合は、出荷取り消しなど付帯作業が必要になることもありますので、タイムリーに振替作業を行うことが必要です。また、すでに引当の掛かっている商品に振替を行う場合は、引当を先に解除する必要があります。

一般的なステータスの例

以下、商品の状態を管理する4つの基本的なステータスを紹介します。

①良品

通常出荷の際に引当の対象になるステータスです。いわゆる引当用有効在庫を構成します。

②保留品

WMSでの在庫管理の対象ではあっても、引当の対象とならない在庫状態のステータスです。その後、良品への振替処理を行って良品にする、不良品への振替処理を行って完全に引当が掛からない商品とする、などの処理待ちの状態を指します。

③不良品

保留品と同様にWMSでの在庫管理の対象ですが、一般的には引当の対象とならない在庫状態のステータスです。振替処理によって良品あるいは廃棄に変更可能とします。ただし、企業によっては、特売品として不良品出荷を許可する場合もあります。

④廃棄

WMSの管理在庫から削除する機能です。資産の処分に関わることですので、基幹システムからの指示をもらって実行することが一般的です。

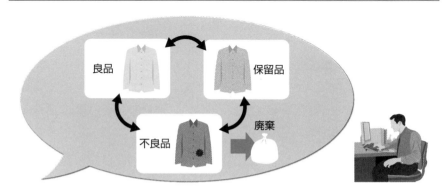

商品の状態によってステータスは変わる

良品　保留品　不良品　廃棄

Point74

棚移動、ロケーション移動

棚移動、ロケーション移動とは、作業生産性の向上や保管キャパの有効活用のために、商品の格納場所を任意に変更可能とする機能です。この機能をシステム化する際のノウハウやポイントについて解説します。

▶ 移動機能の必要性

商品の出荷頻度に応じて格納ロケーションを変更することで、出庫時の歩行距離の短縮化を図るなど、作業の効率化を図ることが可能となります。また、点在する商品をまとめ、保管面積を縮小化することで、保管効率を上げます。

①出庫作業の生産性

入庫頻度と出庫頻度を比較すると、一般的には出庫頻度の方が圧倒的に高くなります。そのため、商品の保管場所は出庫頻度を基準に決定し、出庫時の歩行距離が最短になるようにします。

特定の季節に限り出荷される季節商品は、その季節だけ高頻度商品エリアに集めることで出庫作業を効率化します。季節性のない定番商品の場合は、商品のライフサイクルに応じた出庫増減傾向に合わせて、格納場所を移動させます。

②倉庫面積の有効活用

季節や出庫増減などの変動に合わせて置き場を変更することで、倉庫内スペースのムダを省きます。たとえば、大量に入荷した商品を仮置きエリアに一次保管としてパレットで**直置き管理**※し、大量出荷時にはこの仮置きエリアから直接パレットで出庫します。その後、ある程度在庫が減った後に棚エリアに移動し、直置きエリアを空け他の大量入荷品を保管する、といった商品の量に応じた柔軟なロケーション管理を行います。

※**直置き管理** 棚などに入れず、床の上に直接パレットを積む管理方法。

▶ 移動登録方法

①事前の移動予定作成

事前にロケーション変更をPCで登録しておき、移動指示書を出力します。実際の移動作業はこの指示書をもとに行い、移動作業後に実績を登録入力します。

②現場での変更登録

棚移動を行う際、その場でハンディターミナルを用い移動元と移動先のロケーションをスキャンし登録を行います。スキャンミスで在庫差異が発生する可能性もありますので、必ず移動作業と同時に実際のロケーションバーコードのスキャンで登録します。移動履歴を残すために、移動元と移動先のロケーションを印字したラベルを出力・貼付する運用もあります。

▶ 運用上、システム構築上の注意

棚移動を通常の入荷、入庫や出庫、出荷作業などと同じ時間に行ってしまうと、登録のタイミングによっては、出庫引当先のロケーションに現物が無いなどの混乱を招く危険性があります。1日の作業終了後や、荷動きのない日に移動作業を行うことが望ましいでしょう。また、WMS側でも、当日出荷予定のある商品に関しては移動登録を不可能とするガードを設ける必要があります。

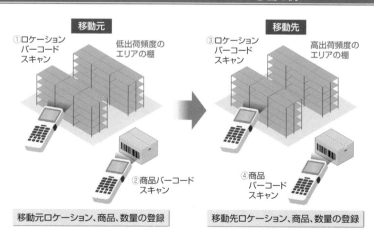

出荷頻度の変化に応じたロケーション移動の例

移動元
①ロケーションバーコードスキャン　低出荷頻度のエリアの棚
②商品バーコードスキャン
移動元ロケーション、商品、数量の登録

移動先
③ロケーションバーコードスキャン　高出荷頻度のエリアの棚
④商品バーコードスキャン
移動先ロケーション、商品、数量の登録

第5章 WMSの機能活用編

Point75

棚卸

棚卸には、会計上必要な期末棚卸と、在庫状況を随時調査することでセンターの運営を円滑に行うことを目的とした循環棚卸の2種類に分類されます。これらの棚卸をWMSで管理するためのポイントについてまとめました。

▶ 期末棚卸

会計上必要な期末棚卸では、入荷や出荷など商品の荷動きをすべて止め、正確な在庫数をカウントします。WMSで管理するシステム上の**現物在庫**の数量と現物の数量との整合性を調査し、在庫数を確定します。その後、基幹システムの**理論在庫**との整合性を調査し、最終数量を確定します。

①在庫データ作成

棚卸作業開始時に、WMSで管理する現物在庫データをもとに、棚卸用の在庫データを作成します。

②棚卸リスト

棚卸対象商品名、ロケーション名を記載した棚卸リストを印刷します。すべての作業をハンディターミナルで行う場合は、棚卸リストは使用しません。

③実数カウント

棚卸リストをもとに商品チェック、もしくは、ハンディターミナルでスキャン登録を行います。データ上の在庫数をリストや端末に表示するパターンと、表示せずに実数をカウントするパターンの2つの方法があります。在庫精度が高い場合や作業時間を短縮したい場合には前者を、厳密な棚卸を行う場合には後者を採用します。

④在庫差異リスト

棚卸結果とWMSのシステム上の現物在庫との差異を突き合わせ、在庫数に差異がある商品のリスト**在庫差異リスト**を出力します。これをもとに再棚卸を行い、実在庫を再度カウントします。このカウント数と現物在庫数との突き合わせを行い、

差異の出た商品を抽出し、再々棚卸を行います。それ以降は同様に、実在個数とシステム上の在庫数との差異が縮まるまで、あるいは決められた回数まで繰り返し実施します。

⑤理論在庫差異

基幹システムから受信した同日時の理論在庫と現物在庫との差異を算出します。差異がある場合、再度棚卸を実施することもあります。両者に差異がある場合は、通常は現物在庫を正とみなし、理論在庫の方を書き換えます。

⑥実数登録

最終的な実在庫数をもとに、WMSの現物在庫数も書き換えます。この時、差異の履歴管理のため、書き換え前の在庫数量のバックアップデータをとっておいた方がよいでしょう。

▶ 循環棚卸

循環棚卸は在庫差異をタイムリーに発見し、在庫の精度を高めるための機能です。検証したい範囲を絞って行い、一日の作業終了後など空いた時間を利用して行います。出荷の引当がすでにかかっている商品を対象にしてしまうと、出荷のタイミングによっては在庫差異とみなすこともありますので、注意が必要です。

以下は絞り込みの例です。

①当日荷動き分

入荷や出荷などの荷動きが発生した商品は、在庫差異発生の確率も高くなります。入荷検品のミスや、誤出荷などを当日に発見することで、タイムリーな顧客対応や、翌日以降の作業阻害要因を早期に除去することが可能となります。

②出荷期間指定

定期的な循環棚卸期間や誤出荷が疑われる期間を指定し、その期間に出荷した商品の在庫を調査します。

③ゾーン、エリア、ロケーション指定

高頻度商品の保管エリアなど作業場所を限定して行うか、もしくは、誤出荷率の高い商品などを重点的に行う場合などに活用します。

④仕入先別

誤入荷を追跡するためなどに活用します。

Point76

在庫調整

在庫調整機能は、棚卸の際の在庫数の訂正とは異なり、最終的な在庫数の確定ではなくWMSのシステム上の在庫数量を一時的に差異調整し、差異が解消された場合は元の在庫数に戻せる機能です。調整履歴はデータで残します。

▶ 在庫調整機能の役割

在庫調整機能とは、WMSで管理するシステム上の現物在庫数と、実際に保管されている商品の数量とに差異が発生した場合に、WMSの数量を一次的に実在庫数に合わせるための機能です。差異を発見した場合、即座に在庫調整を行い、在庫調整履歴を残し、入庫や出荷のミスなどを検証します。WMSでは、差異が解消された段階で元の在庫数に戻す機能を備えます。

▶ 在庫調整機能の活用例

①作業ミスによる在庫差異への対応

たとえば、現物と実際の在庫数がずれた場合、そのまま出荷引当を行うと、実際には存在しない商品に出荷指示がかかってしまい、欠品なのか探せば別の場所にあるのか等の判断のために出庫作業が中断してしまうことになります。結果として出庫作業の生産性が落ちてしまいます。

在庫差異が判明した段階でタイムリーに在庫調整を行い、現物の在庫数に対して出荷引当を行います。これにより、現場で探す作業を未然に防ぎます。

②注文取消しなど納品前商品の返品対応

商品をトラックに積み込み完了後、まだ出荷確定を行っていない段階や基幹システムにデータを送信する前の段階で注文の取り消しを受けた場合などに対しては、返品処理ではなく在庫調整で簡易的に処理することがあります。

返品処理の場合は、客先からの返品伝票や、基幹システムとの連動など様々な処理が必要ですが、在庫調整で処理する場合はWMSの調整だけで完了するため、

簡易的にこの機能を利用することがあります。

③持ち出し出荷などのイレギュラー対応

　イレギュラー運用で基幹システム側の伝票処理だけ商品を出荷するケースがあります。その場合、WMSと基幹システムの間で在庫差異が発生することを防止するために便宜的にWMS側の在庫調整で基幹システムとの在庫数量に合わせることがあります。例としては、客先からの急な出荷の要請などを受けて営業が持ち出す場合などが考えられます。

▶ 操作権限の制限

　このように、在庫調整機能は様々な状況に応じて会社の財産である在庫数を増減させることができる便利機能ですので、安易に利用してしまうと在庫管理に混乱をきたすこともあります。

　在庫責任の所在の明確化などの観点からも、限られた在庫調整理由と、限られた担当者のみに在庫調整の権限を与え、作業者と作業内容のログを必ず残しておくことが大切です。

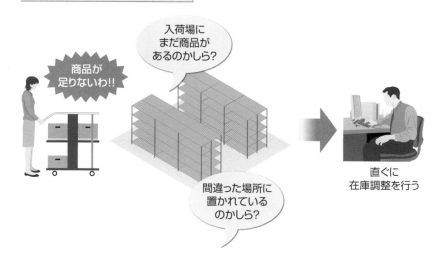

曖昧な運用ルールは現場の混乱を招く

出荷指示は「10」個。現物は「7」個

商品が足りないわ!!

入荷場にまだ商品があるのかしら?

間違った場所に置かれているのかしら?

直ぐに在庫調整を行う

第5章　WMSの機能活用編

Point77

在庫照会

倉庫内の在庫状況を確認するための機能が在庫照会です。商品の管理方法や商品の特性に応じて任意に在庫の内訳を照会できる機能が求められます。また、照会画面から条件を指定してデータを吐き出せる機能も必要です。

▶ 複数倉庫・複数荷主への対応

一つのWMSで複数倉庫、複数荷主を管理する場合、個々の倉庫や荷主ごとに在庫照会を行う機能が必要となります。

①倉庫別在庫照会

複数倉庫を管理する場合、倉庫ごとに在庫照会を行います。また、同一商品が複数倉庫に在庫がまたがる場合、横持ち指示などの判断のために、商品コードや商品ごとの日付をキー項目とした在庫照会機能が必要となります。

②荷主別在庫照会

複数荷主を管理する場合、荷主ごとに在庫照会をする機能が必要です。

▶ 同一倉庫内の在庫照会の切り口

商品管理の方法に対応した在庫照会機能が必要です。以下、その例をあげてみました。

①ロケーション在庫照会

ゾーン別（エリア別）、ロケーション別に在庫照会を行う機能です。ハンディターミナルなどの作業端末からも照会できるようにする機能を設けることで、現場でのリアルタイムの在庫確認を可能とします。

③ロット別在庫照会

入荷時に登録、入力されたロットNaやシリアルNa、もしくは、入荷管理単位でロケーション在庫を照会する機能です。

④商品別在庫照会

　商品ごとの区別で在庫照会を行う機能です。複数ロケーションに保管している場合は、ロケーションごとの数量を照会できるようにします。ハンディターミナルからも照会できるようにすることで、保管現場での在庫確認を可能とします。

⑤日付別在庫照会

　入荷時に入力、登録された賞味期限、消費期限、有効期限などの情報をもとに、指定した日付を基準としロケーション在庫照会を行う機能です。とくに期限切れ商品については期限切れ在庫照会の、**滞留在庫照会**で、荷動きの無い商品は**不動在庫照会**で確認できる機能があれば便利です。

現場及び事務所からの在庫照会機能

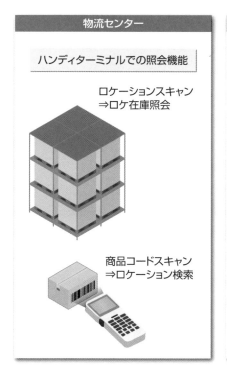

物流センター

ハンディターミナルでの照会機能

ロケーションスキャン
⇒ロケ在庫照会

商品コードスキャン
⇒ロケーション検索

事務所

パソコンの照会機能

在庫照会
・ロケーション別
・商品別
・賞味期限別など日付別
・ロット別

第5章　WMSの機能活用編

Point78
定期補充と緊急補充

　補充には、2種類あり、保管業務としての定期補充と、出荷指示の在庫引当時に、ピッキングエリアでの在庫数が一定の補充点を割った時点で補充指示をかける緊急補充の2種類があります。補充は、出荷と密接に関連しています。

▶ 補充とは

　ストックエリアと呼ばれる保管エリアから**ピッキングエリア**への移動、もしくは、**ケースエリア**から**バラエリア**への移動を補充といいます。

　センター内の在庫移動指示と同様に、センター内でのみ商品が移動することを指し、センター外から補充する入荷とは異なります。

　一目で見てわかる範囲内にストックエリアやケースエリア、バラエリアなどが配置されている場合は、システムで補充指示書を出さなくても人的な判断で補充運用はできますが、広いセンターの場合は人手での運用が難しいため、システムで補充数を自動計算し、作業者に補充指示書を提示することで作業を効率化します。

▶ 緊急補充

　緊急補充機能とは、ピッキングエリアの引当用在庫が補充点在庫数を切った場合に自動的にストックエリアからの補充指示を作成する機能です。

　あらかじめピッキングエリアのロケーション在庫マスタに最大在庫数と補充点在庫数を設定します。棚への補充作業はおおよそ一日に1回で済ませる場合は、最大在庫数と補充点在庫数の差を、ピッキングエリアから出荷する一日の平均、もしくは、予測出荷数とします。この場合、補充点在庫数は、出荷数量の波動に合わせたバッファー在庫になります。最大在庫数はピッキングエリアの間口の大きさとなります。

　最大在庫数量が多過ぎると、ロケーションの間口が大きくなってしまい、出庫の際の歩行距離が長くなります。一方、最大在庫数が小さ過ぎると、出荷作業の途

中で在庫数が足りない状況が頻繁に発生し、緊急補充作業が多くなり、作業生産性を阻害する要因となります。商品の季節性や出荷傾向などに合わせて、最大在庫数量や間口の取り方を随時見直すことが作業生産性の向上のためにも必要です。

▶ 定期補充

　　朝一番や、昼の休憩時、作業完了後など、定期的に補充作業を行うことを定期補充と呼びます。一日の運用フローの中で、出荷作業の段取りに合わせ事前に棚に在庫補充を行い、潤滑な出荷作業が行えるように準備しておきます。

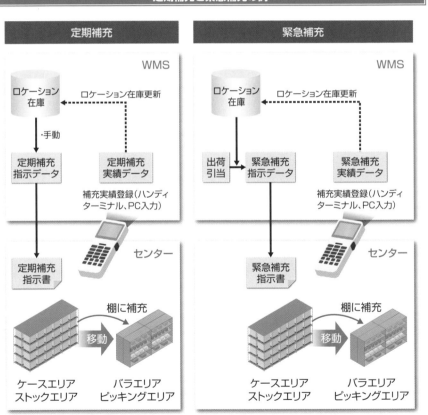

定期補充と緊急補充の例

Point79
出荷作業のバッチ組み

　一定の出荷単位でデータを分割することにより、その条件ごとに出荷作業を行う WMS特有の機能です。この機能で配送ルートや納品時間に合わせた出荷指示データを作成し、出荷作業を効率的に計画化することができます。

▶ 作業バッチ組みとは

　作業バッチ組みとは、作業ボリュームと作業人数や生産性などを考慮して、システムで一定の作業単位にデータをまとめることを意味します。出荷時間までに作業を完了するように出荷指示データのバッチ組みを行います。

　また、ピッキング作業の生産性や当日の出荷量、出荷先数やアイテム数などを考慮し、作業開始時刻および作業人数などの割り当てを行います。このようなシステムを特に作業計画システム**レイバーマネジメントシステム**と呼び、効率化のツールとして注目されています。

▶ バッチ化の単位

①出荷日や出荷時間に合わせたバッチ組み

　出荷指示データの出荷日や納品日の情報、作業生産性を考慮して作業想定時間を算出し、作業バッチ組みと優先順位付けを行います。来週、来月などの将来の日付**先日付**分の出荷に関しては、WMSでは指定された出荷日に指示書やラベルの出力、無線端末での指示などを行います。

②配送コース別のバッチ組み

　1つのトラックへの積み込みを1単位とした配送コース別の出荷指示データのバッチ組みを行います。この配送コース割りを配送計画システム**TMS**にて行い、**WMS**へ出荷指示として渡す方法と、WMSの内部で「配送コースマスタ」を持ち、コースごとの出荷先で配送バッチを作成する方法があります。

　TMSによる配送コース設定機能は、主に日々配送先が変化し、配送ルートを最

適化する必要のあるコンビニチェーンのルート配送などに用いられます。

③ゾーン・エリア別ピッキング作業指示のバッチ組み

　歩行距離を短くして作業効率を上げるため、ピッキング作業を行うエリアやゾーンを分けてピッキングを行う場合、この作業エリアの単位ごとにデータを分割しバッチ組みを行います。

④ピッキング作業単位の作成

　作業者の1回あたりの作業量や行数（アイテム数）、梱包物の大きさ、数量などに合わせて出荷指示データを分割し**作業を平準化**ます。③のゾーン別に分割した後、さらに作業者別にデータを分割する複合方式でバッチ組みを行うこともあります。

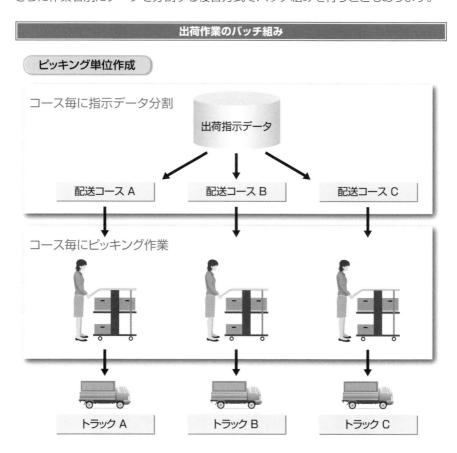

Point80
ロケーション在庫引当

基幹システムからの出荷指示データ受信後、WMSではロケーション在庫に対して引当を行い、出庫指示データを作成します。ここでは、基幹システムでの引当がある場合と無い場合のWMSのロケーション在庫引当の運用ポイントについて解説します。

▶ 基幹システムで事前に出荷引当を行う場合

基幹システムで出荷先の優先順位を考慮した引当を完了した後に、WMSへ出荷予定データを送る場合、基幹システムとWMSの間に在庫差異が無い場合は基本的にはWMSでは欠品が出ないことになります。そのためWMSでは基幹システムから受信した出荷予定データに対してそのままロケーション在庫引き当て処理を行います。ここでのロケーション在庫引き当てとは、日付やロットを考慮したロケーションごとの商品に対する出庫指示のことを指します。

もし、引当処理時に欠品が出た場合は基幹システムとの間に在庫差異が発生していることになりますので、差異の調査と在庫調整、再引当の処理などを行います。

▶ WMSだけで引当を行う場合

これに対して、基幹システムでは引き当て処理を行わず、WMSの在庫数でダイレクトに引当処理を行う場合、ロケーション在庫引当処理を行う前に一旦、総数で仮引当をかけ、欠品が無いか否かを判断します。

①総量引当（仮引当）

基幹システムから受信した出荷指示データをもとに、WMSで在庫に対する総量引当を行い、欠品があるのかないのか目処を付けます。この際に欠品が出た場合、あらかじめ決められたルールに従って**欠品調整**を行った後にロケーション在庫引当（本引当）を行います。

②欠品調整

　総量引当の際に欠品が発生した場合、WMS側で出荷先に対する数量を変更する機能です。ピッキング作業者は欠品の判断をすることはできませんので、出庫指示データを作成する段階で欠品調整を完了しておきます。

　欠品が発生した際の調整方法は出荷先の優先順位を判断する必要のない一律の条件に設定することが必要です。

　たとえば、EDIでのデータの受信順に順番に引当を行っていき、在庫が不足した段階で欠品処理にする受注時間優先引当や、出荷数に対する均等案分方式などの条件をあらかじめ設定しておきます。

③ロケーション在庫引当（本引当）

　欠品調整後の出荷予定データをもとに、実際にロケーション在庫に対する引当（本引当）を行います。

　先入先出しのルールがある食品の場合、古い賞味期限日付の商品が格納されているロケーションから出荷指示をかけます。同様にロット引当についても、該当するロットが格納されているロケーションに出庫指示をかけます。

　また、トータル出荷などでケース単位で出荷する場合は、ケースエリアへのロケーションへ引当を行い、バラ単位で出荷する場合は、バラエリアへのロケーション引当を行うなど、出荷作業の効率化を考慮したロケーション引当を行います。

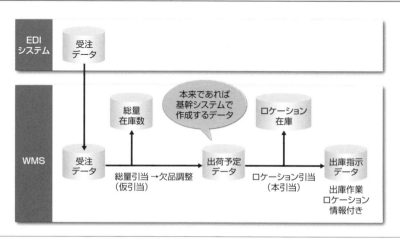

WMSで直接受注データを取り込むなど基幹システムで引当を行っていない場合

Point81
出荷および
出庫指示データの作成

ロケーション在庫引当が完了したデータに対して、さらに作業者単位での作業指示データを作成します。この場合、作業方式やゾーン、出荷行数など、出庫作業の効率化を考慮した形で出庫指示データを作成することが必要となります。

▶ 出荷指示データ分割

大きくは自動倉庫やソーター、DPS、ハンディターミナルなど、出荷用のマテハン機器を使用する出荷分と、出荷リストで行う作業で分類し、データを分割します。それぞれのデータをさらにゾーン別、作業指示単位などに分割します。

▶ ゾーン別データ分割

ゾーンやエリアなどの一定の区切られた場所単位で出荷指示データを分割することで、作業者一人の作業単位を短く設定することにより、移動や歩行の距離を短くし、作業効率化を図ります。

また、一つの出荷先のデータを複数人に分割指示することで、複数人で同時並行的に作業を行い、作業完了までの時間を短縮することが可能となります。作業分割された商品は**リレー方式**あるいは**荷合わせ方式**で、出荷先別に仕分けます。

①リレー方式

一つの出荷先への出庫作業データを、複数のゾーンに分割し流れ作業とする方法をリレー方式と呼びます。出荷先情報を出荷ラベルや出荷指示書にバーコード化し、ピッキング用のオリコンなどに貼付します。各エリアの担当者はこの出荷先情報をハンディターミナルなどの作業端末でスキャンし、出庫指示を取得してピッキング作業を行います。ゾーン内での作業が完了した後、オリコンを次のゾーンへと受け渡し、それぞれのゾーンで同様に作業を行います。

②荷合わせ方式

荷合わせ方式とは、ゾーンごとに出庫作業を行い、それぞれで作業を完了し、

出荷口にて出荷先ごとに荷合わせ作業を行う方法です。

▶ 出荷行数での分割

　複数行の出庫指示データを分割して作業者へ渡すことで、作業生産性を考慮して作業時間のコントロールを行う方法があります。

　たとえば、一人当たりの作業生産性を1時間あたり100行に目標設定した場合を想定します。出庫指示データを100単位で分割し、作業指示を出します。この作業が1時間以内に終われば生産性の目標を達成したということになり、達成したか否かががわかりやすく「見える化」できます。

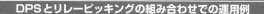

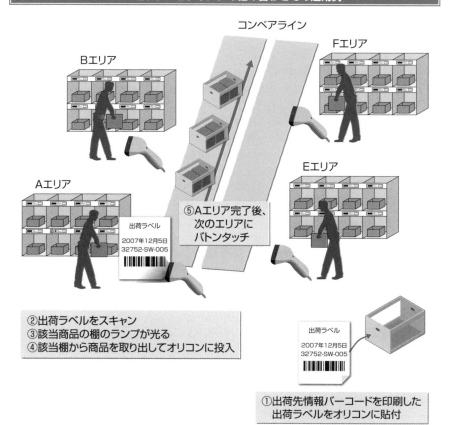

DPSとリレーピッキングの組み合わせでの運用例

コンベアライン

Bエリア

Fエリア

Eエリア

Aエリア

出荷ラベル
2007年12月5日
32752-SW-005

⑤Aエリア完了後、
次のエリアに
バトンタッチ

②出荷ラベルをスキャン
③該当商品の棚のランプが光る
④該当棚から商品を取り出してオリコンに投入

出荷ラベル
2007年12月5日
32752-SW-005

①出荷先情報バーコードを印刷した
出荷ラベルをオリコンに貼付

Point82
シングル、トータル、マルチの3つのピッキング方式

　ピッキング方法には、1つの出荷先分を1回の作業で行うシングル方式と、複数出荷先分を1回のピッキングにまとめるトータルやマルチなど3つの方式があります。それぞれの方式の特徴と採用の判断について解説します。

▶ シングルオーダピッキング（摘み取り方式）

　シングル方式とは、出荷先単位で商品をピッキングする基本的な作業方式を指します。オーダ（受注）単位の作業の場合は特にシングルオーダピッキングと呼ばれます。また、果実を摘み取るような作業から**摘み取り**方式とも呼ばれます。

　WMSからの指示で無線端末やリストにロケーション順にピッキング指示を出し、この指示に基づき作業者はロケーション順に歩行し、商品を摘み取っていきます。この**摘み取り**の際に、無線端末で同時にスキャン検品を行うことで、ピッキング時点でのミスを防ぎ、後工程での検品をなくすことができます。

　後工程で検品を行う場合は、商品の取り換えや、取り換えた商品のロケーションへの戻し、商品が戻るまでに他の作業者で欠品が起きてしまうなどの問題が発生する可能性がありますので、ピッキング同時検品は出荷作業全体にとってメリットのあるシステムといえます。

▶ トータルピッキングと種まき

　トータル出荷、トータルピッキングとは、複数出荷先分の商品をまとめてピッキングし、その後、出荷先別に仕分け作業を行う作業方式を指します。この仕分け作業は作業の形態から**種まき**方式と呼ばれます。

　たとえば、BtoCセンター（EC）における多アイテムかつ多出荷先のような出荷特性を持つ場合や、複数出荷先に大量に出るAランク商品には有効な出荷方法となります。

　また、TCの場合は商品単位で入荷と仕分けを行いますので、仕分けは**種まき**方

式を取ることが一般的です。

▶ マルチオーダピッキング

　マルチ方式とは、複数の出荷先を同時にピッキングしながら仕分けも行う作業方式を指します。出荷先分のオリコンをピッキングカートに搭載し、ロケーション順にピッキングして該当する出荷先のオリコンに投入していきます。

　1回の歩行で複数出荷先分をまとめて仕分けまで完了することで作業を効率化できるメリットがありますが、投入するオリコンを間違うというミスを起こす可能性もあります。その対策として「オリコンに出荷先を識別するバーコードを添付し投入する際にスキャンチェックを行う」「デジタル表示器をオリコンに設置して投入ミスを防ぐ」「出荷時に再度検品を行う」ことなども必要となります。

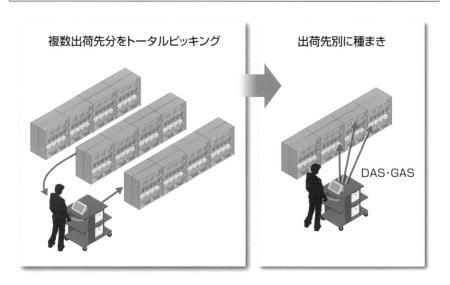

トータルピッキングと種まき

複数出荷先分をトータルピッキング

出荷先別に種まき

DAS・GAS

第5章　WMSの機能活用編

Point83

流通加工

基幹システムから送られる流通加工の指示、もしくは、商品マスタに設定されている流通加工の指示に従い、WMSから加工指示を出します。ここでは、WMSにより管理される流通加工の主な内容について解説します。

▶ 流通加工とは

流通加工とは、ギフトなどのセット品加工、値札印刷やラベル貼り、封筒入れ、組み立て、梱包作業、食品加工などの加工作業を指します。この中でWMSにより管理される主な加工作業は、セット品のセット組み作業や解体、値札印刷などに関連するものです。

▶ セット品の加工

セット品は、アソート品と呼ぶこともあります。基幹システムからセット品マスタを取得し、WMS内部でセット加工指示データを作成する場合と、セット品マスタを使わず基幹システムから流通加工指示という形で指示データとして受け取り、作業指示を出す場合があります。

①セット品マスタをもつ場合

基幹システムから送られてくる出荷予定データの中のセット品コードをもとに、WMS側でセット品マスタを参照し、部品展開や商品展開を行います。展開された部品、商品へのピッキング指示と加工指示データを作成し、指示書やハンディターミナルなどの端末により作業指示を出します。

WMSでは在庫管理上、部品や商品の単品で在庫数を管理していますので、セット商品として出荷した部品商品の数量は、ピッキング指示時にロケーション在庫数から引き落とします。

②セット品マスタがない場合

基幹システムから、出荷予定データとは別にアソート指示データを受信し、

WMSによりロケーション在庫と突き合わせてピッキング指示、アソート指示を出しセット加工を行います。

▶ 値札印刷・ラベル貼り

取引先や商品に対応した固有のラベルや値札を印刷します。また、あらかじめ指定された商品情報、金額情報などを印刷します。

セット品マスタを使った流通加工例

セット品マスタ（構成品マスタ）

セット品コード	構成品コード1	1数量	構成品コード2	2数量	構成品コード3	3数量
99999000	12345666	2	12345777	2	12345888	2
99999001	12345000	3	12345111	1	12345222	1
99999002	12345333	1	12345444	1	12345555	1

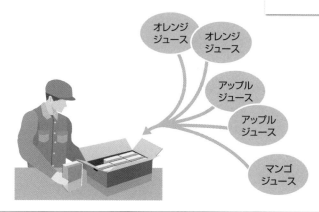

アソート指示書

○○○商店様

お中元セット　　3セット
・12345666　オレンジジュース　2
・12345777　アップルジュース　2
・12345888　マンゴジュース　　2

オレンジジュース
オレンジジュース
アップルジュース
アップルジュース
マンゴジュース

Point84

荷合わせ検品と積み込み検品

複数のゾーンや複数作業担当者から出荷準備された商品を出荷先別にアソートすることを荷合わせといいます。荷合わせされた商品は検品後トラックに積み込み配送します。この積み込みの際に行う検品について解説します。

▶ 荷合わせ検品とは

センター内の各ゾーンやエリアから出庫された商品を、出荷先ごとに集め、検品する作業を**荷合わせ検品**と呼びます。出荷先単位の出庫作業が終わってトラックに積み込む前の検品に相当することから、**積み込み検品**と呼ぶこともあります。ただし、後述のように積み込み検品は、一般的にはトラックの積み込み方法までを指示する作業を指しています。

これに対し、同一の梱包をゾーンからゾーンへリレーでつないでいく**リレー方式**の場合には、荷合わせ検品は行わないことが一般的です。

▶ 荷合わせ検品の方法

出庫の際に出力した出荷指示ラベルや出荷リストなどをそのまま活用します。あるいは、出荷指示データをもとに作成した荷合わせ用データから、荷合わせ検品リスト、積み込み検品リストを出力します。

①出荷ラベル、出荷指示バーコードの活用

荷合わせ用データと出荷ラベル、出荷リストの情報を突き合わせ、過不足なく出荷口にケースやオリコンが集まっているかどうかを照合します。この検品は、商品明細の検品ではなく、ケースやオリコンなどに対する過不足のチェックおよび誤混入を検査するものです。

作業者は、出荷ラベルや出荷リストなどに印字された荷合わせ場所のバース番号に従って商品を集めておきます。検品担当者はこれらのラベルやリストに印字された出荷指示バーコードをスキャンし荷合わせデータと照合します。予定と実績

が一致せず、過不足がある場合は警告を出します。

②荷合わせ検品リストの活用

　荷合わせ用のリストを発行し、これをもとに出荷口で検品を行います。トラック配送時の荷降ろしの逆順で積み込むことにより、配送時の荷降ろしの効率化を図るため、リストの荷合わせ指示も配送順番の逆の順番で記載します。

③積み込み検品

　荷合わせ検品リストとは別途に、誤出荷の際の物流センターの責任範囲を明確にするために、積み込み検品リストを出力し、あるいはハンディターミナルでドライバーとともに積込時に検品を行うこともあります。これは、積込みの際に間違ったトラックに積み込まれることを防ぐという目的もあります。

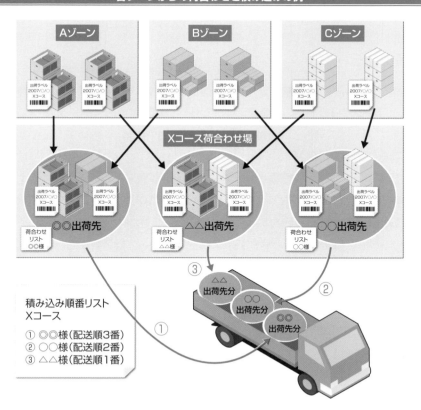

Point85

出荷停止とその解除

部品のロット不良が判明した商品や、原材料に問題が発覚した場合など、商品の出荷をストップするための機能を出荷停止といいます。また、出荷可能となった際の処理のために、出荷停止を解除する機能をあわせて持ちます。

▶ 出荷停止とは

商品の不良が判明した場合、などに、商品を出荷できない状態にするための機能です。該当する商品に引当をかけられない、または、出荷検品時や荷合わせ検品時、積込検品時にアラームを出して出荷をストップさせます。

▶ 出荷停止データ

基幹システムから**出荷停止データ**を受信します。WMSではこれに該当する商品を引当用在庫から除外し、出荷指示がかからない保留在庫のステータスにします。保留品エリアへの移動指示を作成し、リストの出力や端末への指示を出します。

①出荷停止指示書の出力

指示書には、商品の保管場所やすでに引当処理が完了している場合は予定されているピッキング指示番号、荷合わせ番号やバースなどを印字します。

②移動指示と移動先の登録

WMSから保留エリアへの移動指示データを作成し、指示書出力あるいはハンディターミナルなどの端末に指示を出します。作業者はリストに移動結果を記入し後でPCに入力するか、あるいは移動作業を行いながら端末に入力します。

引当て後の出荷停止

ロケーション引当を行う前までは、まだ出荷作業に取りかかっていない状態であるため、出荷停止を行っても運用的に問題はありませんが、すでに引当がかかり、出荷作業が開始されている場合は他の出荷作業も同時に進行しているため、作業進行の妨げにならないよう一旦出荷作業が完了するのを待ちます。

すべての出荷作業が完了した後に、該当する商品が含まれる出荷先分だけを取り消し、取り消した出荷分から出荷停止商品を除外して再度出荷実績データを作成します。その後、該当商品に対する保留品への振替処理を行います。

▶ 出荷停止解除

出荷停止を行っていた商品が出荷可能となった場合は、出荷停止の解除のために保留品から引当可能な良品在庫に振替および該当商品の移動を行い、在庫ステータスを変更します。この振替の際の理由コードに出荷停止解除を用意することで、出荷停止解除の履歴を残すことが可能となります。

出荷停止指示書（例）と運用イメージ

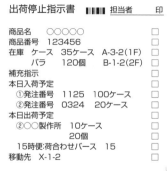

```
出荷停止指示書 ‖‖‖ 担当者    印
商品名　○○○○○               □
商品番号　123456               □
在庫　ケース　35ケース　A-3-2(1F)  □
　　　バラ　120個　　B-1-2(2F)    □
補充指示                         □
本日入荷予定                     □
　①発注番号　1125　100ケース    □
　②発注番号　0324　20ケース     □
本日出荷予定                     □
　②○○製作所　10ケース         □
　　　　　　　　20個             □
　15時便:荷合わせバース　15      □
移動先　X-1-2                    □
```

いずれの運用でも移動理由に「出荷停止」の理由コードを用意し、作業履歴を残します。

①**リストだけで行う場合**
担当者によって確実に移動処理を行ったかリストで確認し、後でPCに移動入力を行います。
②**ハンディターミナルを用いる場合**
移動元のロケーションと移動先のロケーションを登録します。

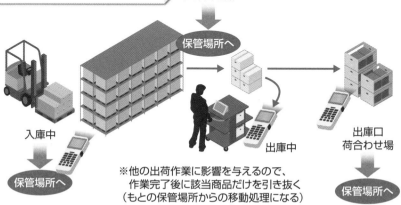

※他の出荷作業に影響を与えるので、作業完了後に該当商品だけを引き抜く（もとの保管場所からの移動処理になる）

Point86

センター在庫の横持ち管理

自社のセンター間で商品の移動を行うことをセンター在庫の横持ちといいます。この横持ち管理は、欠品時の対応や在庫の偏在を解消するためにとられる処置であり、基本的には基幹システムで管理します。

▶ センター間の緊急在庫移動

自社内で欠品が発生した際に、他拠点で保管する在庫を出荷に用いることがあります。他拠点からの移動にはイレギュラーな輸配送費用がかりますので、拠点単位で在庫が最適化されていれば、センター間の在庫の移動は本来は必要のないムダな費用といえます。しかし、仕入れ先との取引条件や、予測できない状況の変化などから、拠点間の在庫移動もやむを得ないこともあります。このような、センター間での在庫移動を**センター在庫の横持ち**と呼びます。

▶ 基幹システムでの横持ち管理

拠点在庫の最適化を行うのは発注権限を持つ商流側の役割であることから、横持ち管理は基本的には基幹システム側で行うことになります。

①予定データの作成

基幹システムで商品の保管元のセンターには出荷予定データを、移動先のセンターには入荷予定データを作成し、WMSに送ります。

②移動中在庫管理

保管元センターで作成されたWMSの出荷実績、もしくは、出荷確定データを基幹システムへ送信し、これを基幹システムでは移動中在庫として管理します。あるいは、移動中在庫を移動先の理論在庫とみなすこともあります。その場合は、基幹システムでは移動中在庫が見えなくなるという不具合があります。

③移動完了

移動先のセンターで商品を荷受後、WMSで入荷実績データを作成し、基幹シス

テムに送信します。この段階で積送在庫は無くなり、移動先の在庫に計上されます。

▶ WMSによる横もち管理

　本来であれば商流の判断である横もち管理をWMSに要求されることがあります。その場合、WMSで保管元での出荷予定データ、出荷予定データをもとに作成した移動先の入荷予定データを作成する機能と、移動中在庫を管理する機能が必要となります。

　これらのデータ作成については、在庫管理部門や発注担当部門などの商流の判断のもとで行い、基幹システムとの情報連携を構築します。

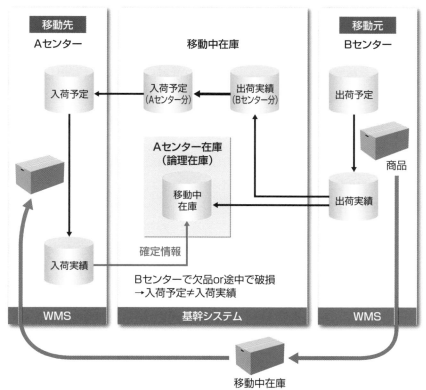

基幹システムで横もち管理を行う場合の例

第5章　WMSの機能活用編

Point87

ノー検品と伝票レスへの対応

ノー検品の運用では、出荷時の検品明細データを出荷先にASN情報として送り、出荷先での受け入れ検品や入荷検品を省略可能とし、荷受け作業を簡素化します。さらに、データのみで決済を行う伝票レスを導入することにより伝票の扱いが不要となり業務効率化を促進します。

● ノー検品とは

物流センターで出荷時に検品を行い、梱包ケースに対し中に収められた商品の明細データを紐付けることで、何がどの梱包に入っているのかをデータとして作成したものを**ASN情報**と呼びます。このASN情報を作成する梱包時の検品により100%の納品精度が担保されているとみなされ、商品の受け入れ側では入荷検品を行う必要がなくなり、荷受け時の作業を簡略化することができます。これを入荷側の検品を視点として**ノー検品**といいます。

● ノー検品の前提条件

ノー検品を可能とするには、以下の条件が必要です。

①納品精度

得意先が決めた納品精度基準をクリアすることが要求されます。出荷の際に検品を確実に行うことが必要で、バーコード、二次元コード、RFIDなどの**Auto−ID**の活用は必須となります。基本的には**誤出荷率**0%（**納品精度**100%）が担保されていることが前提となります。

②SCMラベルの貼付とASN情報の送信

物流センターでは段ボールやオリコンに**SCMラベル**[＊]を貼付し、SCMラベルの番号と内容明細と紐付けた梱包明細データを作成します。この梱包明細データを出荷先に事前出荷情報（ASN情報）として商品が到着する前に送ります。出荷先では、事前に受け取ったASN情報をもとに、受入れ時にこのSCMラベルの番号を

＊ **SCMラベル** Shipping Carton Marking ラベルの略。

スキャンすることで、入荷明細をチェックすることができます。これにより、ノー検品が可能となります。

▶ 伝票レス

　ASN情報を活用し、売掛と買掛の電子決済を行うことで伝票を不要とする運用を**伝票レス**と呼びます。これにより、伝票用紙の購入費用、印刷時間と手間が削減され、伝票と請求書を突き合わせる事務作業も削減されます。

　また、伝票レスによって**商物分離**にとって障害となる出荷時の納品書同梱を無くすことができ、商物分離が可能となります。

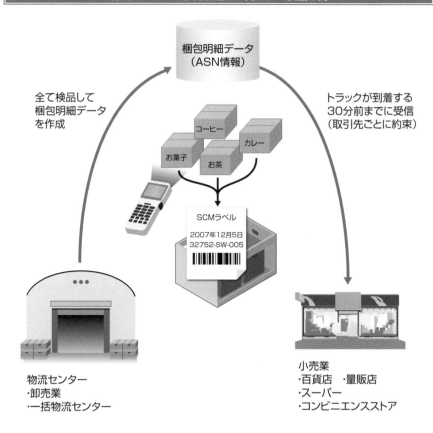

物流センターと小売店舗との間のノー検品の例

梱包明細データ
（ASN情報）

全て検品して
梱包明細データ
を作成

トラックが到着する
30分前までに受信
（取引先ごとに約束）

コーヒー
お菓子
カレー
お茶

SCMラベル
2007年12月5日
32752-SW-005

物流センター
・卸売業
・一括物流センター

小売業
・百貨店　・量販店
・スーパー
・コンビニエンスストア

Point88

緊急出荷、直送指示への対応

WMSで管理する出荷には、基幹システムの出荷予定データにはない緊急出荷や、物流センターを通過させずに納品先に直送する例外処理もあります。このような例外処理における基幹システムとWMSとの連携について解説します。

▶ 緊急出荷

WMSの通常処理では、荷主や基幹システムから受信した出荷予定データをもとに出荷指示を出します。しかし、データ受信を待っていては出荷時間に間に合わない場合などの例外処理として、WMS側で緊急出荷指示データと実績データを作成することを許容する機能を**緊急出荷**と言います。この機能をWMSで持つことは例外処置ですので、事前に荷主や営業部門との合意が必要になります。

①伝票番号

通常出荷では基幹システムで伝票番号を付番しますが、WMSでデータ作成する緊急出荷では伝票番号なしで出荷実績データを作成します。また、納品書は伝票番号なしでも出力できることを許容します。出荷の段階で必ず伝票番号が必要な場合は、基幹システムから伝票番号を指定してもらうなど、個別の取り決めが必要となります。

②出庫予定データ作成

WMSで出荷予定を作成入力し、その入力データを基に出庫予定データを作成します。この事前入力をしないまま持ち出すことを許容すると、後入力を忘れてしまうことにもなりかねません。入力忘れの結果、在庫が狂ってしまい、後の作業で、商品を探すムダな作業の発生や、欠品のための赤伝処理、欠品調整作業などの問題が発生することにもなります。

緊急出荷を許可する場合は、必ず事前の出荷予定入力画面を用意し、出荷先マスタ、商品マスタなどを参照し、出荷予定データを作成します。

③出庫実績データ

　WMSでは通常の出荷実績データと分けて実績ファイルを作成し基幹システムと情報連携します。基幹システムでは事前に受注処理を行っていないため、新たな伝票として処理します。

▶ 直送指示

　物流センターを通過させずに、仕入先や工場などから直接得意先へ商品を送る指示を**直送指示**といいます。例外的に直送する場合と、コスト、品質、サービスの総合判断から直送する場合があります。この場合、便宜的に物流センターで入出荷実績データを作成し基幹システムと情報連携することがあります。WMSは基幹システムから入荷予定データを受信後、仕入先に対し直送指示を行い、仕入先からに商品が出荷した後に入荷実績および出荷実績データを作成します。

緊急出荷時の基幹システムとWMSの連携の例

緊急出荷

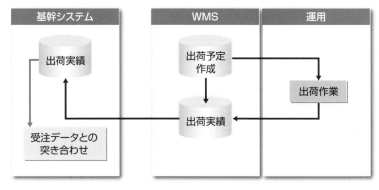

直送

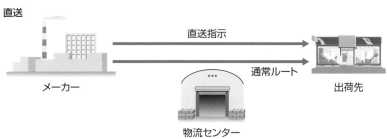

Point89
TC仕分けシステム

商品の在庫を持たず、入荷後直ちに商品を出荷する通過型のTCでは、WMSの基本機能のほとんどを使用しません。仕分け機能に特化したTC固有の仕分けシステムを構築します。

▶ TCを管理するシステム

TCセンターのほとんどが、特定の小売業者の**専用センター**、**一括物流センター**であることから、小売業者ごとに固有のデータインタフェースと仕分システムを構築しています。そのため、TCセンターシステムとして標準化することは難しく、物流センターごとにシステムを構築するケースが大半です。物量や仕分け先数に応じて、DPSやDAS、仕分け機などのマテハン機器を活用します。

▶ TCⅠ型

仕入先のメーカーや卸売業者から、出荷先別にすでに仕分け済みの商品を梱包単位で受け入れ、これを出荷先別に荷合わせしてトラックへの積み込み作業を行うセンターをTC1型と呼びます。

①出荷先別仕分け

仕入先は出荷先店舗情報を印字した**SCMラベル**などの仕分け用ラベルを貼付して納品します。入荷時にこのラベルをスキャンして出荷先情報を取得し、自動仕分け機や仕分けリスト、DASなどを用いて出荷店舗別に仕分けを行います。

②荷合わせ・積み込み検品

SCMラベルをスキャンし、出荷先ごとの予定梱包物と数量を確認し照合します。

▶ TCⅡ型

TCⅡ型では、仕入先などからの入荷は出荷先別に仕分けられておらず総量で入荷するため、物流センターでは商品の出荷先別仕分け機能が要求されます。仕入

先から総量で納品された商品を、DASやGASなどで出荷先店舗別に仕分けます。

◉ ノー検品と伝票レス

　出荷検品時に納品明細情報とSCMラベルとのデータを紐付けたASN情報 [*] を作成する機能が要求されることもあります。このASN情報を出荷後、納品前までに店舗へ送ることで、ノー検品、伝票レスを実現します。

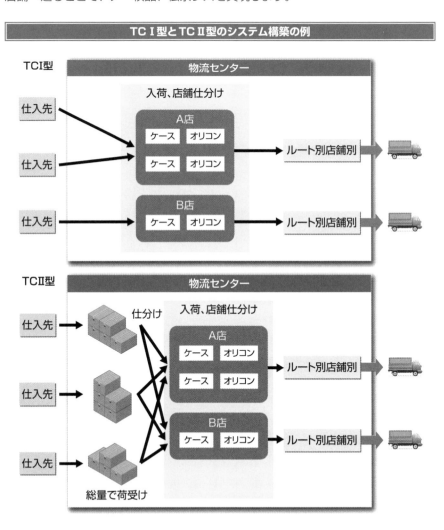

TCⅠ型とTCⅡ型のシステム構築の例

＊**ASN情報**　Advanced Shipping Notice の略。入荷予定情報。

第5章
WMSの機能活用編

Point90
出荷先からの返品入荷

WMSでは得意先や出荷先から返品された商品は、返品管理として通常の入荷とは分けて管理を行います。一度納品してしまった商品を取り使うため、通常の入荷商品にはない問題が発生することもあります。ここでは、返品管理機能を活用するポイントについて解説します。

▶ 得意先返品

商品を出荷した後、得意先の都合や商品の破損などにより、商品がセンターに送り返されてきたものを**得意先返品**と呼びます。

通常の入荷と異なり、商品のバーコードが欠落していることもあり、商品の確認作業が困難となることもあります。また、すでに賞味期限を超えていたり、自社センターから出荷した物か否かなど、受入可否の判断も必要となります。

このように、返品処理では特殊な扱いがあるため、作業判断の基準や管理ルールを事前に定める必要があります。事前の取り決めが無い場合、処理作業が遅延し、返品商品の在庫を膨らませる原因となることもあります。

▶ システムと運用フロー

①返品検品

基幹システムから**返品予定データ**が事前にある場合は、予定データに対する突き合わせ作業を行い、返品実績データを作成します。予定データがない場合は、実際の商品のバーコードをスキャンして登録し、返品実績データを作成します。

②返品シール

返品検品時、モバイルプリンターなどで返品シールを出力し、商品の梱包などに添付します。この返品シールの機能は、以下のとおりです。

- 返品検品済みの確認用マークとなります。
- 返品格納ロケーションが決められている場合や、そのまま出荷対象商品にな

る場合には、格納先のロケーションを印字して保管場所を指示します。

● シールに仕入先を印字することで、検品後に続く仕入先別の仕分け作業をスムーズに行うことができます。

▶ 返品受付後の在庫ステータスの選択

①自動的に保留在庫とする場合

返品検品後、自動的に一旦保留在庫として扱い、後に良品か不良品かを判断し、振替処理により良品在庫、もしくは、廃棄処理を行います。これにより、良品か不良品かの判断を待つことなく迅速に返品処理を行い、実績データを作成することが可能になります。

②在庫ステータスを選択する場合

返品検品時に、良品か不良品の判断を行い、在庫ステータスを選択します。この運用方法では、早期に仕分けが完了するというメリットがある一方、判断業務のために専任制を要したり作業遅延の可能性があるといったデメリットもあります。

返品検品から入庫までのシステム運用例

ハンディターミナルに入力、もしくは後でPCに直接入力

返品検品

返品ラベル
受付日:2007年10月15日
○○○○ビール
△△△商会
棚:A-3-5

返品ラベル

指定されたロケーションへ移動

返品実績データ

返品実績データ

保留在庫

良品在庫

廃棄

振替　　振替

基幹システム　　WMS

Point91
仕入先への返品出荷

　物流センターから商品を仕入先に返品する返品を処理する機能を返品出荷といいます。仕入先への返品を処理する機能は、やはり商流上の判断に基づく必要があるため、基本的には基幹システムからの指示を基に返品出荷を行います。

▶ 仕入先への返品出荷とは

　仕入先からの誤入荷、過剰入荷、不良品、あるいは得意先からの返品を仕入先へ返品することを**返品出荷**といいます。

　返品出荷は仕入先との取引に関する取り決めに基づく作業であり、商流上の判断事項となるため、WMSでは基幹システムでの伝票処理に基づいた返品予定データをもとに処理します。この返品予定データをもとに出荷指示データを作成し、出荷作業を行います。

▶ WMSで返品データを作成する場合

　返品の可否交渉を必要とせず、センター側の判断やルールに従って仕入先返品を行う場合は、基幹システムからの返品予定データを前提とせずに、WMSで返品予定データならびに実績データを作成し基幹システムと情報連携します。基幹システムでは、この実績データをもとに伝票処理を行います。

▶ 仕入先返品の手順

①返品予定データ受信

　基幹システムで作成した返品予定データをWMSで受信します。

②返品出庫指示

　返品予定データをもとに、返品出庫指示データを作成します。この時、仕入先も配送先の一つとなりますので、出荷先マスタとルートマスタにも事前に登録しておく必要があります。出荷指示データ作成の際のバッチ組みの中にも組み込みます。

③返品出荷実績データ

返品出荷実績データをもとに、在庫データから該当商品の在庫数を引き落とします。そして、基幹システムにその出荷実績をデータ送信します。

仕入先への返品を行うシステム運用例

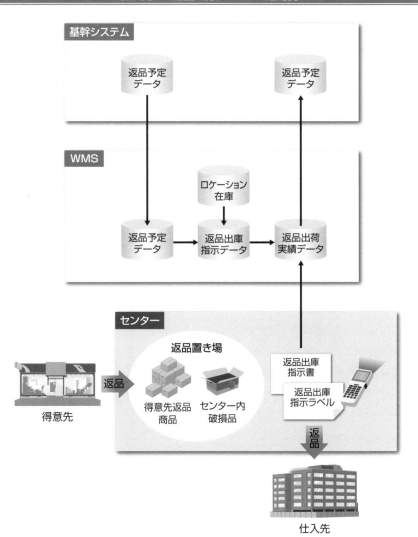

第5章 WMSの機能活用編

Point92
締め処理と受け払い報告

　一日の作業が終了すると、日次締処理、更新処理、データのバックアップなどの締め処理をWMSの機能の中で行います。また、日次、週次、月次などで受払報告データを作成し、レポートを出力します。

▶ 締め処理

　締め処理は、終了処理ともいわれ、一日の作業の終了時や、月末、期末などの締め処理のタイミング時に手動で行う処理です。

　以下、締め処理によって作成されるデータや更新される情報の例をあげます。

①基幹システムとの連動

　請求などに関連する、基幹システム側の伝票情報に必要な出荷実績、入荷実績、在庫情報などの確定情報をWMSの締め処理によって作成します。

②日付更新

　基幹システム側で日付更新前にデータの更新処理を行わなければならない場合、WMSから日付更新前に当日分の各種実績データを作成し、基幹システムに送信します。この処理を日次の締め処理と同時に行うことで、WMS側の締め処理と基幹システム側の更新処理との日付を一致させ、同期を取ります。

③入荷実績、出荷実績、在庫情報の確定

　日々の実績データの確定情報を作成し入出庫情報と在庫情報を確定します。これは受払報告用のデータとしても活用します。

④データのバックアップ

　締め処理を行って確定されたデータに対し、自動的にバックアップ処理を行うことでデータを保持します。

▶ 受払報告

　締め処理によって作成された入荷実績、出荷実績、在庫情報をもとに、日々の

報告書（日報）と月次の報告書（月報）を作成します。また、荷主ごとに設定された四半期や半期、通期など締め期ごとの受払も作成します。

▶ 締め処理を行わない運用

365日24時間稼働の物流センターなど、締め処理を行うタイミングが作れないケースもあります。その場合は、受払データはサーバのシステム日付を基準に自動作成します。

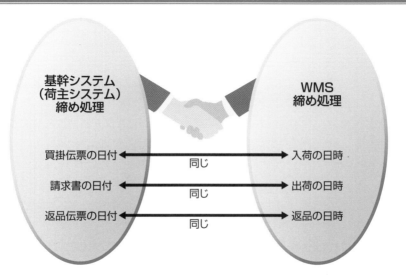

基幹システムとWMSの連動による締め処理の例

基幹システム（荷主システム）締め処理		WMS 締め処理
買掛伝票の日付	同じ	入荷の日時
請求書の日付	同じ	出荷の日時
返品伝票の日付	同じ	返品の日時

<受払日報>（例）
・日々の入庫、出庫、在庫情報を日付別
　（賞味期限日or製造日）に報告
・在庫日数が指定日数を超えている場合は警告

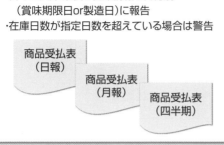

商品受払表
（日報）

商品受払表
（月報）

商品受払表
（四半期）

受払報告照会

変わる物流新時代「物流DXと物流GX」

　昨今、デジタル技術を手段として活用し、企業の経営課題を解決する「物流DX」がバズワードとなっておりますが、本来の目的と手段が逆転しないようにすることが肝要です。「物流DX」の前提として、まずは解決すべき経営課題を正しく定義し、適切な打ち手としてのデジタル技術を明確な判断基準を以って選定、活用することが肝要です。つまり、あくまでも「物流DX」の目的は経営課題の解決であり、デジタル技術は手段に過ぎないことを肝に銘じ、目的と手段の逆転が起こらないようにする必要があります。

　一方、よく似た用語に「物流GX」というアルファベット一文字違いの単語があります。「GX」とは、「グリーントランスフォーメーション」の略称で、地球温暖化による海面上昇や生態系損失等のリスクに備え、化石燃料から太陽光発電、風力発電等の環境に優しいエネルギー中心へと転換し、経済社会システム全体を変革する取組を指します。2050年までに、日本は温室効果ガスの排出量を全体としてゼロの状態にする「カーボンニュートラル」の実現を国際的に宣言しています。

　これまでの物流業界では、「コスト」・「効率」・「品質（正確性）」の3つの観点が優先されて、他の要素はあまり注視されていないことが多いように思います。しかしながら、日本政府が「カーボンニュートラル」の実現に向けて、2023年5月に「GX推進法」を成立させ、具体的なロードマップを打ち出していることから、今後は上記3つの観点に加えて、「サステナビリティ」の観点も重要視する必要性が出てくるかと思います。中長期的に自社で取り組むことができる「GX」とは何か？考えてみてはいかがでしょうか。

導入効果の検証と
見直し編

　WMS の導入による改善効果は、出荷スピードや納品精度の向上、さらにはコスト削減等の実績を見ることにより明らかにされます。しかしながら、当初は導入効果が出ても、それは永久に続くものではありません。取引先からの要請や物流状況など諸々の状況の変化に応じて、物流センターへ要求される機能にも変化が生じます。

　システムの導入効果を維持していくためには、改善目標に対する日々の検証に加え、変化に対応した業務改善とシステムの見直しを継続的に行う必要があります。

図解入門
How-nual

Point93

QCDSの検証

実際の業務改善が具体的にどのような結果となっているか、QCDSの観点での検証のポイントについて解説します。効率化を追求するあまり、作業品質や安全性の低下を招いてないかといった総合的な検証することも必要です。

▶ QCDSとは

QCDSとは、Quality（品質）、Cost（コスト）、Delivery（納期）、Safety（安全性）の4つの頭文字です。元々は製造業の生産管理において重視すべき項目をあげたものでしたが、現在では様々な業種の作業管理に当てはまる重要な視点として広く利用されています。また、このQCDSの視点は**物流KPI**の指標としても活用されます。

物流センター内の作業におけるQCDSとしては、以下のような例があげられます。

①**Quality（品質）**：作業精度や在庫精度の向上。

②**Cost（コスト）**：作業生産性の向上、手待ち時間や付帯作業の削減。

③**Delivery（納期）**：納期厳守および受注から出荷・納品までのリードタイムの短縮化。

④**Safety（安全性）**：商品の取り扱いの安全対策や作業員の安全性の確保。

▶ QCDSの相反関係

品質、コスト、納期と安全性はすべての点で改善されることがベストですが、それぞれは相反する関係になることがあります。たとえば、出荷精度を上げるために検品回数を増やす、複数人で検品を行う、といった対策を取ってしまった場合は、品質を重視しすぎることでコストが膨らむ例です。逆にコストを抑えるために検品の工程を簡略化し、品質が下がってしまうこともあります。

WMSは、このようなQCDSの相反を回避するために、作業をシステム化する役

割を果たします。作業支援システムを改造、追加することで現状の品質を維持しながら生産性の向上を図ります。

▶ 作業精度と在庫精度

　作業精度は、誤入荷、誤入庫、誤出庫、誤出荷などの**作業ミス**に関係する視点となります。作業精度が下がると、在庫精度が下がることになります。その結果、正しい在庫状況が把握できなくなり、引当をかけた商品も現物が無いと**探す**作業が発生し、作業生産性が下がります。また、欠品となった場合は**納品率**も下がるといった悪い循環の発生源となってしまいます。そのため、**Auto-ID**の活用といった作業精度の見直し策が必要となります。作業精度が上がることで在庫精度が上がり、結果として作業生産性も上がることになります。

▶ コスト

　コストを図る視点としては、入庫作業生産性、出庫作業生産性、出荷検品生産性、棚卸作業生産性などの時間当たりの作業量に関する作業生産性があります。作業生産性は物流センターでは最も重要な視点となります。また、作業生産性を図る主たる作業だけではなく、その前後の**手待ち時間**や**付帯作業**についても、**物流ABC**を活用し改善を継続します。

▶ 納期

　納期の観点からは、入荷から出荷指示データ受信から出荷までの作業のコントロールをWMSで効率よく行っているかの検証となります。出荷時間の遅延などが発生している場合は、WMSによる作業計画が上手く機能しているかを検証します。

▶ 安全性

　安全性の検証は、QCDSの中で最も重要なポイントです。毎年、転倒、ぎっくり腰、墜落・転落、転倒、激突などの事故が多く発生しています。特に「ぎっくり腰」は労災の認定率が高く、20kg以上の重量物の連続持ち上げ禁止などの対策は必須です。また、フォークリフトとの接触事故を防止するため、歩車分離を行い、フォークリフトとの動線が交差していないかの検証が必要です。

第6章　導入効果の検証と見直し編

Point94
KPIの検証とPDCAの継続

物流を取り巻く状況は変化し続けています。WMS導入後も継続的に効果検証を行い、軌道修正をかけ、適正化するためのPDCAを繰り返し行うことで、変化への対応に強い物流センター運営が実現されます。

▶ WMS導入後の継続的なKPI検証

WMS導入に際しては、QCDS向上に関する明確な目標を設定することが重要ですが、導入後も、これらの目標に基づいてKPI（Key Performance Indicators）を設定し、継続的に検証することが重要となります。

下記は、WMS導入後の業務プロセスの改善を定量的に評価するための例となります。

①品質向上

作業精度：誤入荷、誤出荷率を検証します。

在庫精度：ロケーションやロットごとの在庫誤差を検証します。

②業務効率化

作業時間の短縮：入荷から在庫管理、出荷作業までの全体の作業効率を検証します。

③リードタイムの短縮

受注から出荷までの時間を測定し、業務効率の向上を検証します。

▶ Plan Do Check Actionの循環

WMSの導入後の経年により、物流センターによっては出荷の増加や波動、出荷形態の変化に対応できなくなってしまうこともあります。また、環境の変化で物流センターの機能そのものが稼働に耐えられなくなることもあります。

WMS導入後もPlan（計画）・Do（実行）・Check（調査・検証・再計画）・Action（再実行）を繰り返すことで、日々変動する環境や状況に応じて、システムの問題点を

早急に見つけ出します。

　また、一旦構築したシステムも効率化のためには、捨てる勇気も必要になることもあります。何気なく続けているムダな運用やシステムがないか定期的な見直しが必要です。

▶ Plan（計画）

　改善のための目標となるKPIを設定し、目標達成のためのスケジュールや改善活動の計画を行います。投資を伴うシステム化の計画の場合は、費用対効果を含めた計画となります。

▶ Do（実行）

　計画に従って、構築されたシステム構築と運用の実行を行います。システム化の後も、**作業の標準化**や**作業の単純化**などの業務改善を進めます。

▶ Check（調査・検証・再計画）

　WMSで収集された作業実績データの分析と検証を行い、個人別、作業別、作業端末別の生産性を検証します。この検証結果をもとに分析を行い、運用フローの見直しやシステムの変更などを検討します。

▶ Action（再実行）

　検証結果をもとに費用対効果に応じて新たな機能を付加し、新技術を取り入れ、継続的な改善につなげていきます。

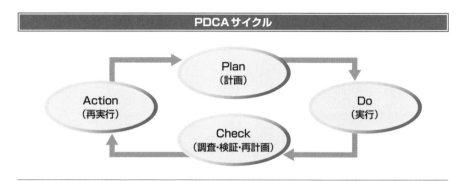

PDCAサイクル

- Plan（計画）
- Do（実行）
- Check（調査・検証・再計画）
- Action（再実行）

第6章　導入効果の検証と見直し編

Point95
実績データの分析

WMSの導入効果をどのようにして検証すればよいのでしょうか。そのためには、まず、出荷実績データとロケーション分析を行い、作業生産性の向上を図って行くための基礎データとします。

▶ 出荷実績データの分析

出荷の状況変化を商品単位、カテゴリー単位などで分析します。

①季節性の分析

過去データをもとに季節ごとに商品やカテゴリーごとの出荷状況を分析し、発注および入荷計画、保管ロケーション計画、出荷計画などの検討材料とします。商品の改廃が激しい場合は、旧商品とリニューアル商品との紐付けを行い、旧商品の過去データを引き継ぐシステムが必要となります。

②カテゴリー分析

商品のライフサイクルの短縮化に伴い、単品の出荷分析では短期的な動向しか捉えることができない場合は、カテゴリー単位での大きな動向分析を行い、その後に単品に分解して分析を行うことで、各種計画に結び付けていきます。

たとえば、日用雑貨の洗剤全体での出荷状況を分析し、保管ロケーションの計画を立てます。その次に、単品での分析を行い、商品ごとのライフサイクルに合わせた直近の出荷状況にマッチした発注および入荷計画を立てます。カテゴリー分析から分解された単品計画に合わせてロケーション配置を計画し、出荷作業計画を立てて行きます。

▶ 商品のABC分析

商品の出荷数量や頻度などを分析し、アイテム別でランク付けを行います。分析項目は次の3つに分類されます。累積数の上位80%をAランク、それ未満の10%をBランクとするといった設定を行い、ランク付けを行います。

①出荷数量分析

アイテムごとに出荷個数（ピース数）の割合分析を行います。特に**トータルピッキング**の運用が適しているか否かの判断を行う場合は、総個数（ピース数）での分析で出荷工数を分析することが必要となります。

②出荷金額分析

出荷金額の割合分析を行います。出荷金額の違いにより、商品の管理方法や工数を検討していきたい場合などに活用します。

③出荷行数分析（出荷頻度分析）

出荷行数（ライン数）での分析を行います。**シングルオーダピッキング**や出荷先別ピッキングを行う場合、出荷行数分析が商品分析の基礎データとなります。

分析グラフ

【季節性の分析】
複数年間での物量変化を分析し、作業計画・ロケーション計画の基礎データとする。

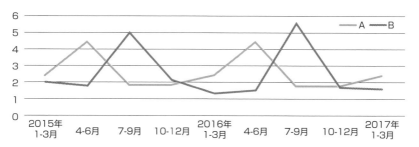

【ABC分析】
カテゴリー分析や単品分析で出荷頻度や数量、金額などをグラフ化する。

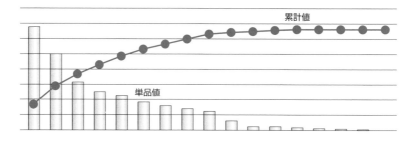

Point96
定期的なロケーション、ゾーンの見直し

商品を出荷するまでの歩行距離は物流センターの作業の中で最も大きな工数の一つです。この歩行距離をいかに短くするかが効率化の重要なポイントとなります。歩行距離を最短化する商品ロケーションとなるための検証と見直しが随時必要です。

▶ 出庫作業動線の最短化

物量や取引先数の増減、出荷形態の変化や商品のABC分析結果に応じて、商品のロケーションを随時見直します。

一般的には、出荷頻度が高いものをできるだけ一つのエリアに集中することで、歩行距離が短縮化できます。ただ、単純に近い場所に固めただけでは作業者の動線が重なり、かえって作業効率が阻害されることもあります。そのため、列の出荷口近くや進行方向の終点と重ならないような場所にAランク品を置くなど、適切なロケーション分散も必要です。

また、商品の大きさ、重量、アイテム数、出荷行数、出荷数量などの変化に応じて、物流センターの形状に合わせて最適なエリアやゾーンの分け方とロケーション配置と間口の取り方を見直します。

全エリアで並行して同一の出荷先の作業を進める場合は作業進捗を同期化し、全体で同時に作業が完了するようにします。各エリア、ゾーンで商品の出荷頻度が均一になるように商品を配置します。

▶ ピッキングエリアの広さと歩行距離

ピッキングエリアの広さと歩行距離の長さは比例します。出荷頻度の高い商品を特定のエリア、ゾーンに集中させれば、歩行距離は短くなり、作業生産性は高くなります。

また、同じエリア内であれば、作業者の手が届きやすい段に高頻度出荷品を保管します。軽量棚であれば3段目、中量棚であれば2段目などとなります。

▶ 出荷口までの距離

　ピッキングの終了地点と出荷口までの距離の関係も作業生産性に影響を与えます。たとえば、フォークリフトでパレット単位での大量出庫を行う場合は、出荷頻度の高い商品をできるだけ出荷口に近い場所に置くことで作業生産性を上げることができます。

▶ 段数

　重量ラックで商品管理を行う場合は、1段目、2段目、3段目という段数で商品の管理内容に特性を持たせ、作業の効率化を図ります。たとえば、重量物の取り扱いはフォークリフトを使用するために1段目か3段目に置き、2段目は人手でも作業可能な重さの商品のエリアとします。

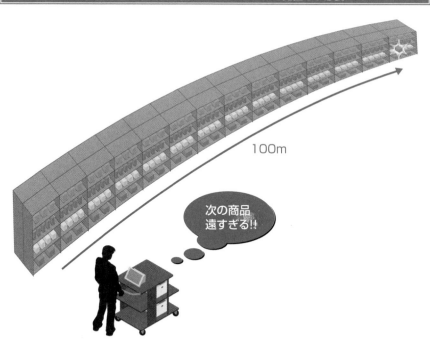

歩行距離の最適化を図ったロケーションの見直しが必要

100m

次の商品
遠すぎる!!

第6章　導入効果の検証と見直し編

Point97
レイバーマネージメント

物流センターは、労働集約型の労働現場ですので、作業者の生産性で作業効率が大きく変化します。作業生産性とコストの両面で大きな影響を及ぼす作業者に対するマネジメントは、WMS導入後の運用検証のポイントといえるでしょう。

▶ 人のマネジメント

WMSの機能では、商品のマネジメント、時間のマネジメント、人のマネジメントが大きな3つの柱となります。その中でも人のマネジメントは、特にコストに影響を与える重要な要素となります。

このマネジメントを数値で客観的に管理するための基礎となるのが作業実績データです。ハンディターミナルなどの端末から随時数値を取得し、分析を行います。

▶ 作業実績管理

誰が、どの作業を、いつ、どれだけ、行ったかという実績を管理し、個人別作業実績の評価や、誤出荷の発生原因の追求、人員配置の最適化などを検討するための基礎データとして使用します。

①コスト管理

物流センター全体で、人員数と作業時間と作業量から人件費のコスト推移を管理し、改善のための資料として使用します。

②品質管理

誤出荷が生じた際、担当者、発生場所、作業手順等を検証します。これは、作業者個人の責任を追及することが目的ではなく、間違いの根本的な原因を取り除くことにあります。検証の結果を受けて運用ルールの改善、作業方法の見直し、商品特性に応じた運用の見直しなどを行います。

③作業計画進行管理

　出荷時間に合わせた作業進捗が適切に行われているか、遅れているエリアには人員の増員を行う必要があるか、などを検討する材料として使用します。

▶ 個人別作業生産性

　作業実績管理の中でもとくに個人別の作業生産性評価は、コスト削減のために重要な役割を持ちます。以下、その活用例を紹介します。

①作業計画

　予測入荷量、出荷量、流通加工作業量および各々の作業内容をもとに、個人別作業生産性の数値を活用し、週間、月間計画で人員配置計画を作成します。

②作業改善資料

　作業生産性の平均値から数値が低下した場合などに原因の洗い出しを行い、対策を講じる際などに活用します。たとえば、生産性の断続的な低下が現れた場合、商品分析を行いロケーションの見直しを行ったり、あるいは運用ルールや取引先との取り決めそのものをなどの対策につなげます。

③品質確保のための生産性基準

　作業生産性の目標値を過度に高く設定してしまうと、作業を素早く行うために商品の取り扱いが粗雑になり、破損率が高くなることがあります。作業品質を下げないために、作業生産性の上限値の設定などの考慮も必要です。

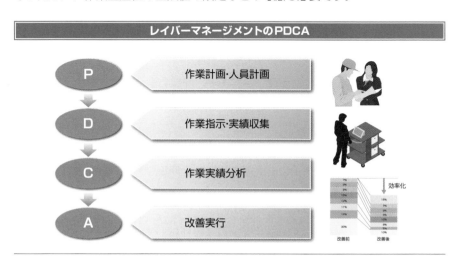

レイバーマネージメントのPDCA

Point98

現場力強化で継続改善

改善の継続のポイントは、現場からの意見を吸い上げ、それを物流センター全体の運営に反映させていくことにあります。すなわち、現場力の上向は、WMSによる改善を継続させるための最大のパワーとなるのです。

▶ 現場力の重要性

業務改善の実現は、物流センター全体の改善の方向性を、どこまで現場レベルに落とし込むかにかかっています。それは現場力にかかっているといっても過言ではありません。どんなに良い改善案でも、実際に現場の担当者が実行できなければ、"絵に描いた餅"になってしまうからです。WMSの導入や運用をはじめ、物流センターでのプロジェクトにおいて現場力は重要な役割を果たします。

この現場力には以下のような要素があります。

①人材活用力（マネジメント力）

適材適所で人の能力を引き出し、数値をもとにした客観的な評価軸を持つことでやる気を起こさせることが可能になります。ピッキング作業の得意な作業者、検品作業の得意な作業者など、個性に応じた配置を行うことも必要です。

②環境変化対応力

物流センターにおいては、イレギュラー処理の突発的な発生や、状況の変化にタイムリーに対応できることが要求されます。現場の実情を適宜吸い上げるミーティングの開催など、改善に向けた体制づくりが必要です。

③システム改善力

現場は特にシステムにも強くなくてはいけません。システムと運用改善は密接な関係にあるからです。状況の変化に応じたシステムの改造や追加の要望が現場から上がることが必要です。

④課題解決力

日々変化する物流環境の中で発生する問題を分析し、課題整理を行って解決策

を実行し**PDCA**を実践していくことが必要です。

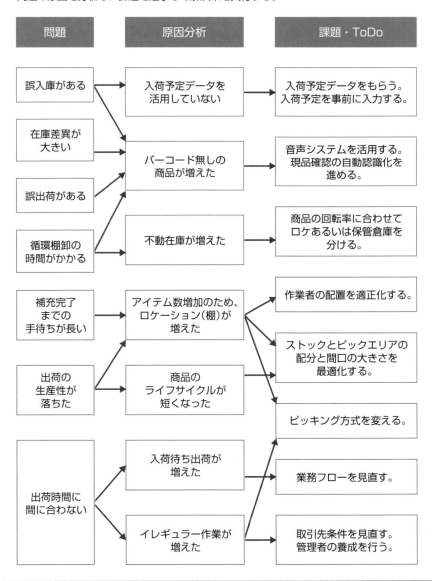

課題解決力

問題の原因を分析し、課題を追求して解決策を実行する。

問題	原因分析	課題・ToDo
誤入庫がある	入荷予定データを活用していない	入荷予定データをもらう。入荷予定を事前に入力する。
在庫差異が大きい	バーコード無しの商品が増えた	音声システムを活用する。現品確認の自動認識化を進める。
誤出荷がある		
循環棚卸の時間がかかる	不動在庫が増えた	商品の回転率に合わせてロケあるいは保管倉庫を分ける。
補充完了までの手待ちが長い	アイテム数増加のため、ロケーション(棚)が増えた	作業者の配置を適正化する。
出荷の生産性が落ちた	商品のライフサイクルが短くなった	ストックとピックエリアの配分と間口の大きさを最適化する。
		ピッキング方式を変える。
出荷時間に間に合わない	入荷待ち出荷が増えた	業務フローを見直す。
	イレギュラー作業が増えた	取引先条件を見直す。管理者の養成を行う。

Point99
人材育成と教育の充実

管理職の人材育成と作業者の教育を充実させることにより、物流センター全体の作業生産性が飛躍的に向上します。

▶ 作業生産性を向上すれば、コストも削減できる

同じ作業内容や作業量であっても、1人あたりの作業生産性を上げることができれば、一日の作業時間が短縮されます。作業者による個人差はありますが、やはり、定着率の低いセンターでは全体の生産性も低くなり、定着率の高いセンターは生産性が高い傾向にあります。誰にでもできる作業であっても、頻繁に作業者が変わっていては、運用ルールの周知も難しく、慣れによる生産性の向上も期待できないからです。つまり、作業生産性を向上するには、人材の育成や教育、働きやすい職場環境づくり、モチベーションの向上などが必須となります。

▶ 客観的評価制度

作業者、責任者のモチベーションを向上させ、作業生産性を上げるには、主観的な評価ではなく、職位や役割に応じた客観的な評価制度を設け、平等に評価する仕組みが必要です。

▶ 目標管理

モチベーションを向上させるためには、個々人に自己目標を設定させ、自ら達成管理を行ってもらうことも有効です。「できることから始める」ことが大切ですから、自分のレベルに合わせて成長していく意識を植え付けることで、作業の効率化についても自発的に考えるようになれば、生産性の向上につながります。あまり目標が高すぎると、やる気を損なうことになりますので、達成可能な目標を立て、それを達成に応じ、少しずつ目標を上げていきます。

▶ 教育のためのマニュアル作成

　物流センターで生産性を向上させるためには、事前に作業の目的、作業内容を作業マニュアルとして詳細に決めておくことが必要となります。この作業マニュアルに従って作業開始前に教育を行います。教育を繰り返す中で、標準化も適時見直していきます。

▶ ビデオなどでわかりやすい教育

　目標を設定しても、実際にどうやれば上手くできるのかわからなければ、作業者は先に進めなくなります。お手本をやってみせることで方向性を示し、やらせてみてから正しいやり方を示してくことも必要です。また、お手本として、最も効率的な作業方法をビデオで撮影し教育に使うことも有効です。

人材育成のPDCA

- P　目標設定
- D　作業指示・実績収集
- C　作業実績分析
- A　目標再設定・改善実行

生産性UP

索引

INDEX

索引

著者紹介

實藤 政子（さねふじ まさこ） masako.sanefuji@strasol-a.com

株式会社ストラソルアーキテクト　コンサルティングパートナー

　WMSベンダー、物流コンサルティング会社の取締役を経て現職。ロジスティクス関連のシステムコンサルティング、業務プロセス改革コンサルティングなど、100拠点を超える物流センター改革を推進。
<資格>
ロジスティクス経営士
<著書>
『物流センターの改善の進め方がよ〜くわかる本』（秀和システム）
『WMS導入と運用のための99の極意』（秀和システム）
『WMS入門初級編』（日本工業出版）

秋川 健次郎（あきかわ けんじろう） kenjiro.akikawa@strasol-a.com

株式会社ストラソルアーキテクト　代表取締役社長

　大手マテハン・システム・メーカーにて、物流システムエンジニアとして数多くの物流センター構築プロジェクトに従事。その後大手Sierの製造・物流コンサルティング部門・コンサルティングファームにて、製造業・流通業を中心としてSCM・物流戦略立案・業務プロセス改革およびIT導入（物流計画系・物流実行系）に関する数多くのプロジェクトを推進。
<資格>
プロジェクトマネジメント・スペシャリスト／物流技術管理士
<著書>
『物流センターの改善の進め方がよ〜くわかる本』（秀和システム）
『ロジスティクス・エンジニアリング』（流通研究社）

コラム執筆

小野　翔也（おの　しょうや）

株式会社ストラソルアーキテクト　コンサルタント

　大手国際物流企業にて３ＰＬサービスの提案営業として、多くの新規荷主を獲得。また、荷主企業と共に、保管スペース効率化や倉庫内の省人化等の業務改革プロジェクトを実施。多国籍のグローバル企業を含めた、様々な物流現場への知見を活かし、プロジェクトをリードする。

図解入門ビジネス
WMS導入と運用のための
99の極意[第3版]

| 発行日 | 2024年 4月15日 | 第1版第1刷 |

著 者　實藤　政子／秋川　健次郎

発行者　斉藤　和邦
発行所　株式会社　秀和システム
　　　　〒135-0016
　　　　東京都江東区東陽2-4-2　新宮ビル2F
　　　　Tel 03-6264-3105（販売）Fax 03-6264-3094
印刷所　三松堂印刷株式会社　　Printed in Japan

ISBN978-4-7980-7100-8 C2034